EDITA MORRIS

les fleurs d'Hiroshima

traduit de l'anglais par Suzanne LIPINSKA

Éditions J'ai Lu

Pour Alice et Barrows
en amitié.

Ce livre a paru dans trente pays en trente langues différentes. Il s'est vendu à 3 millions d'exemplaires. Hollywood l'a acheté. En France, il a reçu le Prix littéraire Albert Schweitzer. En Allemagne, on en a fait un opéra. Edita Morris et son mari ont fondé la *Hiroshima Rest House* à Hiroshima, à l'usage des survivants de la bombe d'Hiroshima.

Ce livre a paru en langue anglaise sous le titre :

THE FLOWERS OF HIROSHIMA

PRÉFACE

JAMAIS PLUS HIROSHIMA

Jamais plus Hiroshima. *Dites-le avec des mots noirs et rouges, milliers de porteurs de pancartes qui marchiez sous les dix mille soleils de pluie des routes anglaises. Dites-le avec les oriflammes de vos éblouissants boubous, jeunes Africains que nous vîmes longuement battre en rond l'asphalte de New York, exorcisant l'odieuse bombe française. Dites-le avec les images noires et blanches de vos pellicules infrangibles, Alain Resnais, notre honneur.* Jamais plus Hiroshima. *Édita Morris le dit à sa façon, avec les fleurs même d'Hiroshima, avec ces bouquets de pensées blanches que les survivants de la bombe font flotter sur les eaux noires du fleuve Otha.*

Ils sont peu nombreux, les soixante-dix-huit mille cent cinquante morts d'Hiroshima, au regard des trente-huit millions et quelques centaines de milliers de morts présumés de la Dernière Guerre mondiale. Mais comme les carbonisés d'Oradour, comme les fusillés de Châteaubriant ou de Philippeville, ils pèsent plus lourd que tous les autres dans la conscience criminelle des hommes. Certains ont été punis. D'autres le seront encore. Mais qui fera jamais le Nuremberg des vainqueurs? Acte d'accusation : Hiroshima.

A Okinawa, la principale base japonaise dans les îles

Riou-Kiou, après quatre-vingt-trois jours de bataille acharnée, on dénombra cent dix mille soixante et un morts. C'était en juin 1945. *Mais le nom d'Okinawa n'est pas entré dans nos mémoires. Depuis le mois de mai, cette année-là, Tokyo, Kawasaki, Yokohama, Nagoya, Kobé, Osaka avaient été maintes fois bombardés, incendiés et quasiment détruits. Mais ce que les peuples du monde entier partout crient et répètent, c'est* Jamais plus Hiroshima, Jamais plus Hiroshima.

Entre les îles de Hondo, de Kioushiou, de Shikokou, s'étend une mer intérieure, calme et peu profonde, que les Nippons appellent la Méditerranée japonaise. Les côtes merveilleusement articulées y dessinent des baies superbes. Au fond de l'une d'elles, Hiroshima, l'une des plus belles villes du Japon, repose entre les cinq branches du fleuve Otha. Il faut lire les géographies publiées avant la guerre pour essayer de comprendre dans quelle région du monde fut lancée la première bombe atomique. « Les régions de pêche côtière, écrivaient alors, innocemment, les géographes, groupent 1/20e *de la population du Japon... Il faut noter que les rivages ont une densité de population très élevée qui peut atteindre* 1 200 *habitants par kilomètre carré... Hiroshima, port sur la mer intérieure, compte* 360 000 *habitants... »*

Je ne veux pas qu'on s'y trompe : les trois cent soixante mille habitants d'Hiroshima, les quelque soixante-douze millions de Japonais n'étaient pas tous de pacifiques pêcheurs. Un peuple est responsable de son histoire, qu'il en soit fier ou qu'il en soit honteux. Aveuglément soumis à un empereur-dieu qu'il n'a jamais voulu désavouer, le Japon avait attaqué la Chine, bombardé Tientsin et l'Université de Nankin; il avait quitté la Société des Nations et signé avec Hitler, à Berlin, une provocante alliance militaire; on sait avec quelle rage l'armée nippone attaqua la flotte américaine ancrée à Pearl Harbour, avec quelle sauvagerie elle s'empara de Manille et des Philippines. Mais de tout cela le peuple japonais se trouve comme brusquement absous par la monstrueuse expiation qu'on lui fit subir, et rien, ni l'Histoire ni la justice, ne peut retenir les peuples de crier Jamais plus Hiroshima.

Ce matin-là, c'était le 6 *août* 1945 — *et déjà, il faut le dire, le monde revivait dans l'allégresse de la victoire, déjà la bête écrasée, mourante, expirait de Berlin à Tokyo — un jeune pilote de vingt-cinq ans, Claude Eatherly, survolait le Japon dans un avion de reconnaissance. Il était suivi par un bombardier, portant dans ses flancs une bombe d'un type nouveau, longue de trois mètres, pesant quatre tonnes, et baptisée par l'armée américaine :* Little Boy, *petit garçon. Cette bombe, les survivants d'Hiroshima devaient l'appeler plus tard : pika-don, lumière et bruit. A* 8 h 15, *Eatherly se trouve juste au-dessus d'Hiroshima. Il donne au bombardier l'ordre de lâcher* Little Boy. *A* 8 h 16, *Hiroshima est effacé de la surface de la terre.*

En récompense de ses services, Eatherly fut décoré de la « Distinguished Flying Cross », l'une des plus hautes distinctions de l'armée de l'air américaine. C'est plus tard qu'il devait se faire une idée du cataclysme qu'il avait déclenché : atteint de graves troubles mentaux, il est aujourd'hui soigné à l'hôpital des anciens combattants de Waco, dans le Texas.

Côté américain, donc, dans la victorieuse bataille d'Hiroshima : une victime. « Pendant quinze ans, déclarait l'autre jour Eatherly, le souvenir d'Hiroshima m'a empêché de dormir. » Les services médicaux de l'armée américaine le soignent avec respect. Il incarne à bon marché le remords de tout un peuple. Côté japonais : soixante-dix-huit mille morts, cinquante-neuf mille quatre cent vingt-cinq blessés ou disparus, selon les estimations les plus sérieuses, en soixante secondes. Mais ce ne sont là que des chiffres. Écoutons plutôt Yaka, la jolie petite Japonaise qui nous parle par la voix d'Édita Morris. Elle était là, pour le grand spectacle « bruit et lumière », elle était dessous — et elle déteste les statistiques :

« ... Partout autour de moi, il y a des gens qui courent, qui courent... Ils me poursuivent avec leurs visages carbonisés, avec des lambeaux de chair arrachés de leurs épaules... Cette fille au visage rongé par les flammes, cet homme qui porte sa femme morte sur son dos... Ici, c'est un groupe d'écoliers écroulés les uns sur les autres, tous morts. Là, c'est un chien, les pattes prises dans l'asphalte fondu. C'est ce qui nous attend tous si nous ne courons pas assez vite. Vite, vite, ou nous serons rôtis vivants... Loin devant moi, j'aperçois la ligne noire du fleuve et des ombres qui plongent dans ses eaux. Comme des torches vivantes, les cheveux en flammes, les femmes s'élancent du rivage en grappes serrées... »

Vingt mille personnes, selon Yuka, reposent au fond du fleuve. Yuka et sa sœur Ohatsu viennent aujourd'hui encore déposer des fleurs sur la surface des eaux ; elles attachent leurs bouquets à la rive avec des ficelles, à l'endroit même où leur mère s'est noyée. Le fleuve est la seule tombe, à Hiroshima, que l'on puisse fleurir.

J'ai vu les cimetières de Berlin, creusés à la hâte dans les jardins publics, au milieu des carcasses calcinées de la ville et fleuris par un jour de Toussaint de l'après-guerre. La vérité m'oblige à croire que les jeunes femmes allemandes, prises dans les bombardements au phosphore de Cologne ou de Hambourg, ont été dans le malheur les sœurs d'Ohatsu et de Yuka. Mais ce que les jeunes femmes crient aujourd'hui dans le monde entier, ce n'est pas Jamais plus Hambourg, ce n'est pas Jamais plus Cologne, c'est Jamais plus Hiroshima.

Pourquoi cela ? La guerre, à Hambourg, est, comment dirais-je ? plus finie que jamais. Au printemps, les jeunes femmes se promènent sur les bords de l'Alster avec de petits chapeaux blancs, dans leurs Mercedes décapotables ;

l'été, elles prennent en riant le ferryboat pour la Suède; l'hiver, elles accouchent sans douleur dans les cliniques de verre. A Hiroshima, quinze ans après, la guerre continue, et dans ce qu'elle a de pire. La guerre atomique — c'est Édita Morris qui nous l'apprend — a créé là-bas une nouvelle espèce d'êtres humains : les hommes radioactifs. Ce sont les survivants d'Hiroshima, les « seizonshas ». Apparemment, ils sont faits comme vous et moi : une tête, deux bras, deux jambes. A moins qu'ils n'aient sous leur kimono de larges chéloides, jamais cicatrisés, qui leur mangent les épaules et le dos. A moins qu'il ne leur manque les oreilles, par exemple, effacées par les radiations, on croirait dévorées par une bête, une sorte d'ours blanc friand d'oreilles d'hommes. A moins que leur esprit ne se soit brusquement arrêté, comme toutes les horloges d'Hiroshima, ce matin du 6 août 1945, 8 h 15. *A moins qu'ils ne soient brusquement terrassés par un mal mystérieux qui leur fait gonfler les mains, boursoufler le visage, craqueler les lèvres et mourir sous les yeux de médecins impuissants.*

Mais ce n'est pas cela le pire. Le pire, c'est que les êtres radioactifs, les hommes ou les femmes d'Hiroshima, ne savent pas, ne peuvent toujours pas savoir, quelle sorte d'animal humain, quelle sorte de monstre ils vont engendrer. Les savants japonais ont fait de terribles découvertes. L'un d'eux, le Dr Domoto, l'explique à Edita Morris, dans son pathétique langage :

« ... Après une semaine, le poisson pousse deux têtes, pousse quatre œils. La même chose peut arriver à les bébés humains, avant la naissance, si la mère est radioactivée, ou même à le bébé du bébé... Les personnes radioactivées jamais ne peuvent pas être certaines que les petits-petits-petits-enfants ne sont pas comme ces poissons horribles... »

C'est cela Hiroshima, quinze ans après. Edita Morris a voulu nous faire comprendre comment essayent encore de vivre Yuka et sa sœur Ohatsu, survivantes d'Hiroshima.

Elle n'accuse ni ne condamne personne. Elle demande seulement, avec les mots les plus simples : comment la bombe perfide a-t-elle pu souiller le sang, la moelle et jusqu'aux entrailles d'une petite jeune fille appelée Ohatsu?

Comment? Je pense que les savants américains qui mirent au point la bombe dans leur laboratoire secret de Los Alamos, je pense que les militaires qui l'expérimentèrent en toute sécurité dans le désert du Nouveau Mexique, le savaient parfaitement. Ce pasteur qui, sur l'aérodrome de Tinan, une heure avant l'heure H, bénit l'avion d'Hiroshima et pria publiquement pour le succès du raid, je pense qu'il le savait aussi. Et bien sûr, le président Truman, qui devait faire peu après cette stupéfiante déclaration : « Nous avons joué deux milliards de dollars sur le plus sensationnel coup de dés scientifique de l'Histoire — et nous avons gagné. »

Ils savent comment. Ils savent pourquoi. Mais ils n'ont jamais voulu répondre à la simple question d'Ohatsu. Le journaliste allemand Robert Jungk a révélé récemment que, dès 1945, *les troupes d'occupation instituèrent au Japon la censure la plus stricte. Toute allusion à la bombe atomique était proscrite, non seulement dans les journaux, à la radio, dans les livres, mais jusque et surtout dans les publications scientifiques. Au cours des mois d'octobre et de novembre* 1945, *des commandos U.S. d'un genre particulier confisquèrent les préparations anatomiques que certains savants japonais avaient pu réaliser, à partir de fragments de tissus prélevés sur les corps des victimes atomisées. Quiconque, par ses recherches et ses analyses, « portait préjudice aux forces d'occupation » était passible de la cour martiale. Le professeur Tsuzuki protesta en ces termes : « A l'instant où des gens meurent à Hiroshima et à Nagasaki d'une maladie nouvelle, la « maladie de la bombe atomique », dont nous n'avons pas encore résolu les énigmes... il est impardonnable d'interdire les travaux et les publications ayant trait à des questions scientifiques d'ordre médical ». Mais dans le même temps, les services de la Défense américaine organisaient, sous le nom d'A.B.C.C., l'enquête la plus systématique jamais conçue dans l'histoire de la médecine. Financée par la Commission de l'Énergie Atomique, chargée par ailleurs de perfectionner sans cesse l'armement nucléaire des États-Unis, l'enquête, qui porta, dit-on, sur plus de* 70 000 *sujets, n'avait d'autres buts que d'étudier systématiquement les effets médicaux et biologiques de la radioactivité. « Ces études, écrivait le ministre de la Défense, James Forrestal, sont de la plus haute importance* pour les États-Unis. » *Hiroshima et Nagasaki devinrent bientôt des villes-laboratoires pour les commissions militaires américaines — mais pas un dollar ne fut jamais affecté par le gouvernement américain au traitement des victimes japonaises de la bombe. C'est à des initiatives privées que sont dues les seules véritables cliniques d'Hiroshima — et les lecteurs de ce livre seront heureux de savoir que sur les bords de l'Otha s'élève aujourd'hui une maison de convalescence pour les victimes de la bombe H qui porte le nom de Fondation Morris — oui, Morris comme Edita Morris, comme Ira Morris son mari, le généreux et combatif écrivain américain. On en vient à se demander si Ohatsu, si Yuka, si Fumio, si tous les autres atomisés d'Hiroshima n'ont pas été les victimes, bien plus que d'une opération militaire affreusement inutile, d'une gigantesque et monstrueuse expérience scientifique, organisée et perpétrée dans un incroyable réflexe d'autodéfense à long terme.*

Quoi qu'il en soit, la réprobation universelle a confondu la criminelle « réussite » des politiques, des savants et des militaires. Il n'y a chez Yuka, petite rescapée parmi des milliers d'autres et qui nous parle ici par la voix pathétique d'Edita Morris, ni rancune, ni haine, ni même désespérance. Mais tous les peuples du monde sont derrière elle, lorsque, évoquant, au bord du fleuve où elle disparut, le visage noirci et les cheveux en flammes de sa mère, elle s'écrie avec passion : « Je jure de consacrer le reste de ma vie à empêcher que de telles horreurs se reproduisent. »

Jamais plus, non, jamais plus Hiroshima.

Maurice PONS.

SIGNIFICATION DE QUELQUES TERMES JAPONAIS EMPLOYÉS DANS LE TEXTE

Fusuma : Grand paravent qui peut servir à diviser une pièce en deux.

Futon : Matelas posé à même le sol. Pendant la journée, il est replié et mis dans un placard.

Geta : Sandales en bois.

Hishimoshi : Gâteaux de riz.

Mompe : Pantalons de travail.

Obi : Large ceinture nouée autour du kimono.

San : Titre honorifique équivalent de « Monsieur » ou « Madame », qui s'ajoute au nom de famille, et même au prénom.

Shojii : Porte glissante.

Suchi : Petit gâteau de riz, surmonté de viande ou de poisson cru.

Sukiyaki : Plat national avec de la viande, des légumes mi-crus, etc.

Tabi : Chaussettes japonaises.

Tanka : Court poème de genre classique.

Tatami : Tapis de paille.

Yukata : Kimono léger, porté à la maison.

1

Mon Dieu, déjà 5 heures! Comme le temps passe! Le *fusuma* ne sera jamais prêt, et jamais, je n'aurai fini cette courtepointe. Notre nouveau locataire va revenir d'un instant à l'autre et j'aurais voulu que tout soit prêt pour accueillir ce charmant jeune homme. S'il se plaît chez nous, il pourrait recommander notre maison à ses amis de Tokyo, et peut-être aurions-nous la vie plus facile... (Chère madame bouvreuil, veuillez ne pas chanter si fort dans votre cage. Vous me dérangez, vous me distrayez de mes pensées.)

Je me demande si notre hôte américain s'habituera aux oreillers bourrés de riz, s'il supportera de coucher à même le sol? Pourvu qu'il ne soit pas trop difficile! En attendant, il faut que je finisse cette courtepointe, et sans plus tarder! J'espère que le tissu lui plaira. C'est un très beau tissu : vert épinard avec des feuillages orangés. Tout à fait moderne.

J'aime coudre tranquillement, agenouillée sur le sol, pendant que l'eau du thé bout sur le fourneau. J'aime travailler ainsi dans ma petite maison. Les occupations ne manquent pas. J'ai tant à faire avec un mari fragile, avec deux enfants turbulents, et avec ma jolie petite sœur Ohatsu qui s'en va travailler dès le matin. Avec un pensionnaire en supplément, j'aurai du travail du lever au coucher du soleil. Quelle joie!

Quand je pense que ma sœur a failli nous faire perdre cette occasion providentielle. (Oh! qu'est-ce qu'il y a encore, madame bouvreuil? Je viens de vous donner une feuille de laitue. Vous l'avez laissé tomber, n'est-ce pas? Vilain oiseau! Attendez, je vais vous la ramasser. Il est heureux que je ne sente pas la fatigue. Je me lève, je m'agenouille, je me relève cent fois par jour. Là, voilà votre salade, et maintenant, laissez-moi travailler en paix, voulez-vous?)

Où en étais-je? Ah oui, je pensais à notre locataire américain et à Ohatsu. Nous étions en train de bavarder, petite sœur et moi, près de la porte de bambou, quand ce grand garçon, avec ses cheveux clairs et frisés, sa chemise bleue et sa veste de sport, s'arrêta pour demander son chemin. Ses yeux étaient aussi bleus que sa chemise, et sa voix agréable. Il ne criait pas en parlant, comme le font la plupart des étrangers. C'est ma sœur qui fut impolie :

— Monsieur, vous allez écraser ce criquet! s'écria-t-elle.

Elle souriait en disant cela, mais je sais qu'elle tremblait de rage. Ohatsu déteste les étrangers. Elle ramassa l'insecte vert presque sous les pieds de l'Américain et partit en courant jusqu'à la maison.

Devant une telle impolitesse, je m'avançai, toute confuse, vers le jeune étranger.

— Peut-être puis-je vous renseigner, monsieur? demandai-je dans mon meilleur anglais.

Mais il n'avait d'yeux que pour Ohatsu. Il était aussi haut qu'un arbre, et il avait un cou de girafe. Il étira ce long cou, dévorant des yeux la belle Ohatsu qui courait dans le jardin, son kimono flottant autour d'elle.

— Veuillez excuser ma jeune sœur. Elle aime tellement les... les criquets.

Cela sonnait faux, je le sais, mais comment expliquer à

un étranger — à un Américain surtout — l'amour qu'Ohatsu porte à tous les êtres vivants, et jusqu'au moindre criquet?

— C'est votre sœur? dit l'étranger. Pour sûr que c'est une belle fille!

Le sang lui monta au visage. Il pensait certainement avoir commis une maladresse. A son grand étonnement, j'éclatai de rire. Tout cela était si comique : ce grand diable d'Américain tombé dans un tel embarras à cause de mon petit démon de sœur, et tout cela à cause d'un criquet de rien du tout. Je mis ma main devant ma bouche, comme on m'avait appris à le faire et retrouvai presque aussitôt mon sérieux.

— Dites-moi, expliqua l'étranger, j'ai laissé ma valise à l'hôtel *New Hiroshima,* mais c'est bien le diable si je peux retrouver mon chemin. Nom d'un petit bonhomme, je me demande comment vous faites pour ne pas vous perdre dans cette ville!

Il me fallut de nouveau réprimer un éclat de rire. J'ai un visage tout rond, une bouche qui se relève vers le haut, deux fossettes dans les joues, et un rien me fait rire : une simple expression un peu bizarre comme « Nom d'un petit bonhomme », ou l'embarras d'un étranger perdu dans une ville où les rues n'ont pas de nom, et les maisons pas de numéro.

Le jeune Américain, lui aussi, semblait trouver cela drôle.

— J'ai passé plus de temps à Tokyo à chercher des adresses qu'à faire mes affaires, me dit-il avec un grand sourire.

Il rougit de nouveau, peut-être parce qu'il craignait de m'avoir blessée en critiquant mon pays. Comme il paraît sensible! Comme son cœur doit être tendre, en dépit de son allure un peu fruste! Je m'empressai de le rassurer.

— J'ai aussi été à Tokyo, monsieur, et je comprends ce que vous voulez dire.

— Vraiment? Alors, donnez-moi un truc pour m'y retrouver.

Oh! Pourquoi faut-il que l'eau du thé se mette à bouillir juste maintenant? Je déteste être dérangée quand je rêve. Pourquoi cette eau grogne-t-elle puisque je l'ai retirée de la braise? Il faudrait pourtant que je termine ce dessus de lit. Et avec tout cela, j'ai perdu le fil de mes pensées. Aucune importance. En bref, quand je lui eus dit en passant que j'avais une chambre à louer, ce jeune étranger décida d'abandonner sa chambre à l'hôtel et de loger avec nous. Je me sentis le cœur si léger à la pensée de ces *yen* supplémentaires que je me mis à rire de nouveau. Notre bavardage se poursuivit agréablement et, en peu de temps, je sus tout de ce jeune homme. Il avait été envoyé au Japon par une compagnie de navigation de Seattle. Je crus comprendre que son beau-père était actionnaire de cette maison et que lui qui, depuis des années, rêvait de visiter le Japon, avait sauté sur l'occasion de venir ici.

— J'ai connu une Japonaise, il y a bien longtemps, à Seattle, me confia-t-il. Elle s'appelait Tosho Hamada. C'était la plus belle fille de l'école.

Tout en parlant, le jeune Américain ne quittait pas des yeux le *shojii* de notre maison, derrière lequel Ohatsu avait disparu. Très vite, je rétablis le lien : Ohatsu — Tosho Hamada. C'est pour cela qu'il était si désireux de quitter sa belle chambre du *New Hiroshima*.

— Cette fille, Tosho Hamada, je ne l'ai jamais vraiment fréquentée. Je n'étais qu'un gamin, et pourtant j'en ai été très amoureux. J'ai même écrit des poèmes pour elle!

Il grimaça d'une façon charmante.

— Quand j'étais à Tokyo, je n'ai vu aucune fille qui soit aussi bien qu'elle. Ce n'est pas qu'il n'y ait pas de belles filles à Tokyo, de très belles filles même, et pourtant...

L'Américain contemplait notre paisible jardin, avec son unique cerisier près de l'eau tranquille. Peut-être pensait-il que le jardin de Tosho Hamada ressemblait à celui-ci.

— Bon Dieu, ça va être bon de vivre là, avec vous, fit-il soudain.

Je souris et levai le bras pour arranger mes cheveux, mais je regrettai aussitôt ce geste imprudent : la manche de mon kimono avait glissé, découvrant un instant mon bras nu. Seigneur, pensai-je, pourvu que l'étranger n'ait pas vu mes cicatrices! Par bonheur, on m'appela à ce moment :

— Yuka, Yuka-san!

— Excusez-moi, monsieur.

— Écoutez, je m'appelle Sam, Sam Willoughby, mais c'est trop difficile. Appelez-moi Sam.

— Merci, monsieur. Excusez-moi, il faut que je m'en aille.

La vieille Nakano-san continuait à m'appeler du bas de la rue, et l'étranger et moi la regardions venir. Comme c'est étrange! Soudain, je vis Nakano-san avec ses yeux à lui. J'aime beaucoup Nakano-san et l'autre vieille dame qui partage sa cabane. Mais comme je les regardais avec les yeux de cet Occidental je compris à quel point elles paraissaient usées et poussiéreuses. Vraiment, elles semblaient misérables, comme tant de survivants d'Hiroshima.

— Voyez-vous, expliquai-je au jeune Américain, nous n'avons dans nos maisons aucune installation sanitaire. Aussi, chaque soir, j'emmène mes voisines aux feuillées, quelque part dans les champs.

Il détourna aussitôt les yeux. Comme les réactions des étrangers sont curieuses!

— Écoutez... commença-t-il.

Il s'arrêta aussitôt, car Ohatsu était réapparue dans

notre minuscule jardin. Elle s'assit avec grâce sur le banc, sous notre cerisier.

— Bon, je vais aller chercher mes affaires, annonça- t-il. Si je reviens vers 5 heures, est-ce que ça ira?

— Quand vous voudrez, monsieur, répondis-je.

— Yuka-san! Yuka-san! criait Nakano-san.

— Il faut que je me dépêche. Mais tout sera prêt pour vous à 5 heures. Je vais installer le *fusuma* et...

— Le *fusuma?*

Je n'allais certainement pas raconter à mon précieux locataire que notre maison avait seulement deux petites pièces, et qu'il me faudrait diviser l'une d'elles avec un panneau mobile appelé ici *fusuma.* Il y a beaucoup de choses que je souhaite cacher à notre visiteur, des choses qui l'empêcheraient de nous envoyer d'autres locataires. Je sais qu'il me faudra déployer toute mon intelligence et ma ruse pour l'empêcher de deviner avec quelle sorte de gens il habite...

M'inclinant rapidement vers lui, je partis aussi vite que je pus dans mon long kimono, prenant garde à ne pas trébucher dans l'un de ces trous profonds qui rendent si impraticable notre rue tortueuse. Je me demandais si ce jeune étranger pourrait s'habituer à vivre dans cette sombre ruelle, si les cris des enfants ne le fatigueraient pas trop, s'il supporterait les éclats de voix des femmes s'interpellant d'une masure à l'autre. Comment réagirait-il aux odeurs, aux chats griffus et galeux du quartier? Je rejoignis Nakano-san et la vieille Tamura-san. Elles me prirent le bras et, toutes trois, nous partîmes vers la campagne. Je tournai la tête et vis le jeune Américain qui nous regardait, les yeux agrandis par l'étonnement. Son regard était fixé sur le crâne de mes deux amies : Nakano-san et Tamura-san n'ont plus un seul cheveu sur la tête, plus un seul. Pressant leurs vieux bras tremblotants contre moi, j'adressai un large sourire à Sam-san avant de tourner le coin de la rue.

Voilà. Le dernier point est fait. Oh! qu'est-ce qu'il y a encore, madame bouvreuil? Une feuille de carvi? Attendez, je vous en donne une. Mais j'entends dehors des pas pesants, des pas décidés d'Occidental. C'est sûrement mon locataire. Vite, madame bouvreuil, attrapez cette herbe de carvi, chère. Pas de cérémonie. Seigneur! Je n'ai pas encore installé le *fusuma*...

2

— Ce jeune Américain va passer quelques jours avec nous, petite sœur.

C'est ainsi que j'annonçai la nouvelle, et Ohatsu la prit très mal. Elle ne dit pas un mot, bien sûr. Il serait impensable qu'une sœur cadette donnât son opinion. Mais je la vis, tel un enfant en colère, gonfler ses joues comme des ballons, et tout le temps que je lui parlai, elle garda un visage impassible.

— Tu seras gentille avec lui, n'est-ce pas Ohatsu? S'il se plaît ici, il pourra recommander notre maison à d'autres étrangers. Tu lui tiendras compagnie dans le jardin, après dîner, n'est-ce pas?

— Je n'aime pas les Ricains, tu le sais bien!

— J'aimerais que tu oublies cette expression stupide.

Je la grondai, mais en même temps je souriais. Bien souvent, moi aussi j'appelais les Américains, des Ricains! C'est stupide, mais bien des expressions d'après-guerre sont stupides. Nous les employons quand même.

— En tout cas, qu'il te plaise ou non, j'espère que tu seras gentille avec lui, dis-je à Ohatsu.

— Je le serai, répliqua-t-elle calmement.

Des larmes de honte me montèrent aux yeux. Ohatsu avait très bien compris que je me servais de sa beauté comme d'un appât. Si nous ne nous adorions pas, elle m'aurait haïe pour cela.

Enfin, ce moment désagréable est passé, et me voilà assise par terre, en train de coudre pendant que dehors, sur le banc du jardin, Ohatsu bavarde avec notre pensionnaire. Il fait nuit noire mais la douce lumière de notre lanterne de pierre baigne leurs visages. Sur la table en bois, un pot de saké. Avec grâce et précaution, Ohatsu le prend et remplit la tasse de Sam-san.

— Dozo!

A chaque fois qu'elle remplit la tasse, elle murmure un « s'il vous plaît » en inclinant sa mince silhouette. Oh! douce voix de ma petite sœur, plus douce que le ronronnement de mon bouvreuil endormi dans sa cage d'osier...

A travers une fente du *shojii,* je vois notre pensionnaire dévorer Ohatsu des yeux. Comme c'est commode, ces *shojii* qui s'ouvrent et se ferment en glissant sans bruit! Sam-san soupire...

— Pourquoi soupirez-vous, si vous plaît? demande Ohatsu, inquiète (et j'espère que ce jeune Américain ne rira pas de sa prononciation).

— Pourquoi je soupire? Eh bien, c'est parce que je suis content, dit-il.

Sa voix est chaude et naïve, à l'image de toute sa personne.

— Vous savez, je ne vais jamais vouloir partir d'ici, lui dit-il, jamais vouloir quitter le Japon.

— Pourquoi, si vous plaît? Vous aimez Japon mieux qu'Amérique?

— Mieux qu'Amérique?

Il ouvre des yeux étonnés.

— Vous plaisantez? Non, c'est qu'une fois rentré, je retrouverai un genre de vie que je n'aime pas beaucoup.

Notre pensionnaire se tait et je suis frappée par l'expression durcie de sa bouche. Cela contraste avec la sérénité de son front et le regard rêveur de ses yeux. Quand il continue, sa voix est plus sèche, plus tranchante.

— Ce travail que j'ai accepté dans cette Société Maritime, eh bien ce n'est pas un travail pour moi. Pour dire la vérité, c'est mon beau-père qui m'a poussé à l'accepter. Mon père était docteur. Il était installé à la campagne, aux environs de Seattle.

— Devez-vous travailler beaucoup dans cette société? Faites-vous souvent des heures supplémentaires? demande poliment Ohatsu.

— Des heures supplémentaires? Mon Dieu non, j'ai bien assez de mes journées.

— Et le soir, vous étudiez? demande encore Ohatsu.

— Sûrement pas.

Le jeune Américain semble offensé de cette supposition.

— Le soir, j'essaie de m'amuser. S'il fait beau, je prends ma voiture et je vais me balader avec des copains.

— Et vous allez où?

— N'importe où. On fait un tour. Quelquefois, on s'arrête dans un cinéma et on boit une bière. Ou alors, on trouve des filles...

A travers la fente du *shojii,* je vois Ohatsu déconcertée. Il y a de quoi! Je le suis aussi. l'Américain a dû s'en apercevoir car il renonce à expliquer à Ohatsu comment s'amusent les Occidentaux et lui demande comment elle-même occupe ses soirées.

Quand elle lui répond que son emploi de téléphoniste la prend presque tous les soirs, c'est au tour de Sam-san de paraître étonné.

— Vous n'avez pourtant pas l'air tellement solide pour travailler autant.

Il ajoute, en fixant Ohatsu :

— Vous savez de quoi vous avez l'air? D'un petit

fantôme avec ce kimono blanc et ces fleurs blanches à la main.

— Un fantôme?

Ohatsu baisse les yeux et regarde les pensées qu'elle vient de cueillir dans notre jardin. (C'est navrant! Ma sœur ne peut supporter d'entendre parler de fantôme ni de rien qui rappelle la mort.)

— Que voulez-vous dire, s'il vous plaît? demande-t-elle d'une voix bouleversée.

— Oh, c'est que vous êtes si mince et si pâle, presque éthérée, comme un fantôme, explique notre pensionnaire.

Je vois Ohatsu lui sourire avec gentillesse. Comme elle doit détester ce jeune homme pour lui sourire de façon si charmante!

Mais lui prend cette haine pour de l'amitié et sur le banc où ils sont assis, il se rapproche d'elle tendrement.

— Savez-vous, petite Ohatsu, dit-il d'un ton cajoleur, que vous avez un nom adorable. Est-ce que beaucoup de jeunes filles au Japon s'appellent Ohatsu?

Petite sœur lui explique alors la légende d'une jeune fille d'autrefois, appelée Ohatsu, qui se donna la mort par désespoir d'amour. A cause de ce geste romantique, elle est honorée depuis des siècles.

— Se tuer par amour! Eh bien alors, c'est bien japonais, ça! s'exclame l'Américain. Petite Ohatsu, est-ce que vous feriez ça? Est-ce que vous vous tueriez par amour?

— Oh! oui, bien sûr, bien sûr! s'écrie ma petite sœur avec passion.

Mon Dieu! Le front contre le *shojii,* je remarque l'expression exaltée d'Ohatsu. Qu'est-ce qui a pu lui arriver? On dirait une jeune fille amoureuse. Mais non, elle est prête pour l'amour, c'est tout. Elle est impatiente de se donner comme un beau fruit mûr, un matin de septembre.

Je sens mon cœur battre d'inquiétude, et en même

temps d'exaltation. Mais pour l'Américain, sans aucun doute, ce n'est que de la coquetterie. Je le vois tendre la main et choisir une pensée blanche dans le bouquet d'Ohatsu. Longuement, il contemple la fleur et demande à voix basse :

— Voulez-vous me donner cette fleur, petite Ohatsu, en souvenir de vous ?

Quelle erreur ! Petite sœur regarde fixement notre pensionnaire, aussi horrifiée que si, à la place de cette pensée, il lui avait arraché son propre cœur. Serrant son bouquet contre elle, elle se dresse sur ses pieds d'un seul coup et se précipite vers la maison, me bousculant dans le noir.

— Ohatsu !

— Laisse-moi, grande sœur, s'écrie-t-elle, laisse-moi !

Elle court jusqu'au mur de papier, tire son matelas, se jette dessus et sanglote dans son oreiller.

Que faire ? Dans une situation difficile, offre toujours du saké, disait tante Matsui, cette vieille dame si avisée. Le saké a sauvé d'innombrables situations, et en sauvera bien d'autres encore.

Je vais retirer un pot de saké de l'eau chaude et sors dans le jardin. Je pose le pot sur la table en souriant et je murmure quelque lieu commun tranquillement et poliment, comme tante Matsui m'a appris à le faire avec des hôtes honorés et particulièrement avec des messieurs.

— N'aimez-vous pas ce bruit de criquets dans l'air du soir ?

— Dites-moi, Yuka, est-ce que votre sœur est fâchée contre moi ?

Je comprends que, pour lui, le chant des criquets pourrait être aussi bien le grincement de machines à coudre, et la lumière des étoiles celles de tubes de néon.

La situation est délicate : il me faut tout arranger à l'instant, ou nous perdrons un hôte si précieux.

Quand un de mes enfants boude, je lui mets une sucette

dans la bouche. De même, je mets une tasse de saké entre les mains de l'Américain. Il le boit machinalement, comme on boit n'importe quoi et, de nouveau, je lui remplis sa tasse.

— Petite sœur est très nerveuse. Il ne faut pas lui en vouloir, lui dis-je.

— Lui en vouloir! Sacrebleu, j'ai dû l'offenser. C'est quand j'ai pris cette fleur...

Notre hôte tourne et retourne ses pensées dans sa tête et son front s'assombrit.

— Mais non, ne vous inquiétez pas, dis-je, brusquement terrifiée à l'idée qu'il pourrait reparler du bouquet d'Ohatsu.

» Ohatsu avait sommeil, c'est tout. Vous savez, au Japon, tout le monde doit se lever à l'aube; chacun a plusieurs métiers. C'est le seul moyen de... (Mon Dieu, j'allai dire de ne pas mourir de faim)... le moyen de joindre les deux bouts, dis-je piteusement.

— Je sais, dit-il en souriant, et c'est une chance pour moi que vous ayez eu besoin de prendre un pensionnaire. Autrement, je serais maintenant installé comme tous les Américains de passage dans un hôtel archi-moderne. Ce n'est pas ce que je suis venu chercher au Japon. Ce qui m'intéresse, ce sont les gens, non? Quel mauvais homme d'affaires je suis!

Sam-san rit encore, mais autour de la bouche, cette expression tendue lui est revenue.

Il reste assis, regardant sa tasse de saké, faisant tourner sans arrêt ce pâle vin de riz, les yeux fixés sur la pagode aux vives couleurs qui décore le fond de la tasse.

— Mon pauvre père roulait dans la campagne quatorze heures par jour, visitant des malades qui, le plus souvent, n'avaient pas de quoi le payer. Cela lui était égal. C'étaient les êtres humains qui l'intéressaient. C'est sans doute pour cela que j'aurais aimé être docteur.

— Est-ce que vous n'avez jamais pensé être docteur?

— Bien sûr. J'ai même fait deux ans à l'école de médecine, mais mon père est mort, sans rien nous laisser. Je pense que trop de ses malades ne l'avaient pas payé. Quand ma mère s'est remariée, mon beau-père m'a offert un travail de bureau dans sa société; ce n'est pas mal, mais quelquefois je pense que j'aurais dû continuer pour être docteur, comme mon père.

Il fronce les sourcils, mais reprend aussitôt en riant :

— Ce qu'il y a de bien dans ce travail, c'est qu'il m'a envoyé au Japon. Il m'aurait bien fallu attendre cinquante ans pour y venir par mes propres moyens. C'est juste comme je l'avais imaginé, et même mieux.

Allongeant ses grandes jambes, il se renverse sur le banc. Son regard suit le toit incurvé de notre maison, s'arrête sur les blanches pensées d'Ohatsu, puis sur la vieille lanterne de pierre qui brille paisiblement dans la nuit.

— Oui, c'est tout à fait ça, dit-il doucement. Le bassin, le cerisier. Tout est parfait. Vous savez que je ne peux pas me sortir de la tête que c'est ici qu'est tombée la bombe atomique, il y a quinze ans. Vous et Ohatsu, avez eu bien de la chance.

— Oh! oui, dis-je, nous avons eu une chance terrible!

Sam-san lève les yeux rapidement. A-t-il perçu dans ma voix quelque chose qui le trouble? Mais je suis bien dressée. Je souris en m'inclinant vers lui et tout ce que l'Américain peut voir à la lueur des étoiles, c'est le visage heureux d'une jeune femme qui a eu bien de la chance...

3

Comme ils sont beaux, ces petits poissons sur leur lit de riz blanc!

Agenouillée sur une natte, j'admire la présentation alléchante du déjeuner que j'ai apporté à mon mari dans une boîte laquée. Je dois attendre que Fumio ait fini de parler avec son patron. A travers la fenêtre du bureau, je les aperçois qui discutent.

Un garage est un endroit étourdissant, plein d'odeurs et de bruit, mais il me suffit de fermer les yeux pour retrouver mon univers. J'oublie tout ce qui m'entoure et je puis attendre des heures s'il le faut. Ce n'est pas la première fois! Il m'est arrivé d'attendre Fumio des jours entiers lorsqu'il était à l'armée. Tous les dimanches, je l'attendais à la gare d'Hiroshima avec des milliers — non, mettons des centaines — d'autres jeunes épouses de guerre. C'est vrai que j'ai passé plus de temps, depuis mon mariage, à attendre Fumio qu'à vivre auprès de lui. Je me souviens...

— Voulez-vous un journal, Nakamura-san?

C'est Kamako-san, le chef mécanicien, toujours aimable, comme à l'accoutumée.

M'inclinant bien bas, je le remercie, mais le prie de ne pas se déranger.

Où en étais-je? Ah! oui, à la gare d'Hiroshima. Je me

rappelais combien j'étais triste quand je voyais apparaître mon Fumio avec ses énormes bottes de l'armée. Elles étaient si grandes qu'il aurait pu facilement mettre les deux pieds dans une seule. Aussitôt, des larmes me montaient aux yeux, et puis j'éclatai de rire, car telle est ma nature. Lorsque je lui demandais pourquoi il ne pouvait pas avoir d'autres chaussures, Fumio me répondait :

— L'armée fournit les bottes, elle ne fournit pas les pieds !

Comme nous riions alors ! Peu après, il partait pour la guerre.

Ding — ding — ding !

La cloche du garage a résonné trois fois. De quoi les deux hommes peuvent-ils bien parler si longuement dans le petit bureau de Fumio ? Deux camions tout neufs viennent de sortir du garage. Le patron ferait bien de les imiter et de libérer mon mari. Il va le rendre fou avec ses bavardages.

Comme il paraît pâle, mon Fumio ! Plus pâle encore aujourd'hui qu'hier. Ou alors, c'est un effet de mon imagination ? Oh ! non, il ne faut pas que je sois nouée et tendue comme pendant la guerre : en ai-je fait alors des fausses couches ! Je n'ai pu mener à terme un bébé qu'une fois la vie redevenue normale — ou du moins quand elle me sembla redevenue normale. Une fois de plus, l'inquiétude me serre le cœur et je me tourne avec anxiété vers le chef mécanicien.

— Est-ce que mon mari a bien déjeuné ce matin ? Est-ce qu'il a mangé toute sa soupe de haricots ?

Komako-san, qui se dirige vers le bureau de mon mari avec une liasse de papiers, s'arrête, mais ne me répond pas.

Je lui adresse un gracieux sourire — à quoi bon ennuyer les gens avec ses soucis personnels ? — et minaude un peu :

— Il a bien mangé quelque chose? Un peu de riz, un peu de soupe?

Comme le balancier d'une pendule, la tête de Komako-san oscille d'un côté à l'autre.

— Il y a trop de bruit dans ce garage pour dormir la nuit, c'est pour ça qu'il n'a pas faim le matin, notre comptable!

Il me parle poliment, la main devant la bouche. Il porte un blouson de cuir, à la mode occidentale, une casquette américaine, mais ses manières sont tout à fait japonaises. J'en suis bien heureuse. Je ne peux m'empêcher de penser que nos manières japonaises sont supérieures aux autres, bien que l'ami qui m'a enseigné l'anglais ait essayé de m'expliquer qu'elles n'étaient pas supérieures, mais seulement différentes :

— C'est stupide de parler de supériorité, disait mon ami.

Komako-san s'incline :

— Ce n'est pas à moi de le dire, continue-t-il, en gardant poliment sa main devant sa bouche, mais notre comptable ne devrait pas passer tant de nuits dans ce bureau. Je sais qu'il a beaucoup à faire, je sais qu'il ne peut plus travailler aussi vite qu'avant. Pourtant...

Ah! si c'était vrai! Je veux dire, si c'était à cause de son travail que Fumio couche au bureau. Mais ce n'est pas vrai, hélas! Mon mari est un employé consciencieux — quel Japonais ne l'est pas? — mais la raison qui le fait passer si souvent la nuit dans ce cube sans air, non, ce n'est pas le zèle professionnel. Je sais, bien que je mourrais plutôt que de l'admettre, que c'est son impuissance grandissante qui l'éloigne de moi la nuit. Ce ne sont pas ces heures supplémentaires, mais cette mystérieuse difficulté dont il ne veut pas me laisser deviner la raison. Oh! dans quelle triste impasse nous voilà tous les deux. Si seulement je n'avais pas un tel besoin d'amour.

Ah! le patron est enfin sorti. Il s'en va. Non! Il a encore

changé d'idée. Sortant une liasse de documents de sa serviette bourrée, il revient dans le bureau de mon mari et Fumio s'incline et sourit. Il s'incline et sourit mais, subrepticement, il essuie la sueur qui perle à ses tempes creuses. Nous vivons dans la terreur de le voir perdre son travail. Ce serait un tel désastre que nous n'osons y penser. Et mon mari continue à écouter respectueusement et je ferme les yeux et me prépare pour une nouvelle attente.

Ces gros patrons aiment dominer, ils aiment maintenir leurs subordonnés sur des charbons ardents pendant qu'ils écoutent, satisfaits d'eux-mêmes, leur propre voix.

Le sous-off japonais (c'est un mot que j'ai appris au cinéma) a gardé Fumio ainsi quatre ans sous sa dépendance autoritaire. Et quand mon jeune mari a obtenu une place dans une banque, le directeur de la banque l'a traité de la même façon.

Que la révolte m'agitait à l'époque, que la colère grondait en moi, quand j'attendais docilement Fumio à l'extérieur de la banque!

Comme des milliers de jeunes Japonais, Fumio n'a pas pu finir ses études, il n'a jamais obtenu les diplômes qui lui auraient permis d'accéder à une situation honorable, comme son père. Victime de l'époque, il n'a jamais eu sa chance, jamais trouvé de chaussures à son pied. Bien qu'arrangé par un entremetteur, mon mariage avec Fumio est une réussite. Je l'aime profondément et je m'émerveille toujours de son héroïque acceptation des circonstances. Il a une inébranlable fierté intérieure et c'est cette fierté qui fait, de Fumio, l'homme si respectable qu'il est.

Je me relève vivement de ma position agenouillée.

— Un visiteur, un Américain, vous demande à l'extérieur, me dit Komako-san derrière sa main.

— Un *étranger?* je feins la surprise.

Naturellement, je n'ai pas dit que j'avais pris un pensionnaire. Ce serait mal vu à Hiroshima. Cela pourrait faire croire que je redoute des mauvais jours et s'il venait à Komako-san l'idée de vendre la mèche au patron... Qu'arriverait-il alors?

— C'est moi, Yuka-san!

L'Américain en personne! Je ne m'habituerai jamais à ses façons de collégien, mais je ne lui laisserai pas voir que je suis choquée. En Italie, il faut être italien, et en Amérique américain, m'a souvent répété l'ami qui m'a appris l'anglais. Aussi, je m'écrie :

— « Hello, Sam! », comme une vraie New-yorkaise.

— Je viens de quitter M. Yamomoto, dit l'Américain en s'essuyant le front avec son mouchoir.

Il porte un impeccable costume gris et pour une fois il a passé un peigne dans ses cheveux.

— Bonté divine, s'écrie-t-il, je n'étais sûrement pas fait pour être un homme d'affaires et ce rusé Yamomoto l'a remarqué tout de suite. Il m'a entortillé dès le premier mot, absolument comme mon beau-père à Seattle.

Il s'arrête brusquement et, regardant autour de lui, cherche un autre sujet de conversation.

— Regardez toute cette collection de vieilles bagnoles, s'écrie-t-il gaiement.

Sa bonne humeur me met en joie. C'est merveilleux de trouver quelqu'un avec qui rire une fois sans contrainte.

— Ces voitures ne sont pas destinées à la course, je vous l'accorde, mais vous n'avez pas encore vu la plus belle. Elle est dans la cour et nous l'appelons : « Le Vénérable Canard ». Elle se dandine littéralement. Le patron de Fumio nous la prête quelquefois pour aller en pique-nique.

Tout à coup, j'ai une idée et je ne perds pas de temps à la ruminer. Le temps, c'est de l'argent, surtout dans le cas présent.

— Pourquoi ne restez-vous pas jusqu'à dimanche?

Nous irions ensemble à Miyajima. C'est la fête des cerises. Tout le monde y va.

Mais Sam-san secoue la tête :

— Je crois bien qu'il ne faudra pas compter sur moi. Je dois encore voir deux ou trois hommes d'affaires et puis je n'aurai plus rien à faire à Hiroshima. J'aimerais aussi faire un tour à Nara et à Kyoto avant de repartir pour l'Amérique.

— Quelle bonne idée! dis-je en souriant, pour ne pas montrer ma déception.

Le patron de Fumio, énorme comme un lutteur, nous croise de sa masse imposante. Il me fait un rapide signe de tête, à la mode occidentale.

— Mon mari est libre maintenant; venez dans son bureau, je vais vous le présenter, dis-je à l'Américain.

Le bureau de Fumio n'est vraiment qu'un passage, éclairé par une toute petite fenêtre qui donne sur la cour. En plus du lit de camp, la pièce est encombrée de rebuts : des piles de pneus, des rouleaux de corde, des bidons d'huile, et tout d'abord, dans l'obscurité, je ne vois pas mon mari. Ah! si, il est là. A l'autre bout de cette sombre pièce, sous la lueur de la fenêtre, il regarde quelque objet dans sa main. Qu'est-ce que c'est? Est-ce qu'il lit une lettre? une facture que lui a laissée le patron?

Soudain, je porte ma main à ma bouche. Ce n'est pas un compte ou un rapport qu'examine Fumio, c'est son propre cou! Une glace de poche dans la main, il contemple le côté gauche de son cou avec une telle concentration qu'il ne remarque même pas notre présence.

Je tousse légèrement, Fumio se retourne et à ce moment je vois son visage torturé d'anxiété, ses yeux égarés. Mais il se reprend aussitôt (cher Fumio, comme je suis fière de toi!).

Il salue notre jeune pensionnaire et son visage est alors aussi calme et avenant que toujours. Je tends à mon mari son déjeuner qu'il dispose distraitement sur la table, à côté d'une boîte de bougies. Aussitôt, je veux éloigner notre pensionnaire de cette pièce, c'est trop révélateur : la glace, le déjeuner mal accueilli...

— Venez, Sam-san, lui dis-je, je vais vous montrer le « Vénérable Canard ».

Je suis heureuse qu'il soit étranger, qu'il ne comprenne pas certaines tournures de la conversation. Je suis si remuée que j'oublie toutes manières et sors la première devant les deux jeunes hommes.

La vieille Buick poussiéreuse est pleine de passagers. Je soulève le conducteur dans mes bras et embrasse ses bonnes grosses joues. Je le remets par terre et lui donne une petite tape sur la tête, par-derrière, pour lui rappeler qu'il doit s'incliner.

— Voici Tadeo, Sam-san, et voici sa sœur, ajouté-je en désignant ma petite fille, assise sur le siège arrière.

— En-chan-té, s'écrie l'Américain et son grand corps dégingandé s'incline à la mode japonaise.

— Et l'autre demi-douzaine est aussi à vous?

— Non, ce sont des amis.

Nous rions tous, y compris mon mari, ce qui brise la glace entre les deux hommes. Mon petit garçon et ma petite fille portent tous les deux un kimono rouge avec un dessin de Mickey. Ce sont les plus beaux enfants du monde, j'en suis sûre. Sam-san saute sur le siège de la voiture (comme un cow-boy sur sa selle dans les films que j'aime tant) et atterrit sur les vieux coussins éventrés d'où s'échappe un nuage de poussière. Il tousse et rit. Tout cela est gai.

Je suis encore en train de rire quand je surprends Fumio qui regarde à nouveau son cou! Il s'est installé sur le siège du conducteur, à côté de Sam-san, et lance à la dérobée des regards dans le rétroviseur. Une fois de plus, ses yeux paraissent égarés. Le tout n'a pas duré une seconde, mais une main de glace me serre le cou; je me sens comme asphyxiée et je dois ouvrir la bouche pour respirer.

— Amusons-nous, dit l'Américain.

Je me demande s'il n'a rien vu, ou s'il a compris trop de choses.

— Venez, dit-il, nous allons nous promener. Si nous devons aller à cette fête des cerises, dimanche, il vaut mieux s'assurer que cette vieille bagnole tourne encore.

Il dit cela tranquillement, sans même un sourire. Comme ce jeune étranger est sensible et plein de tact ! Il a dû deviner mon désir de le voir rester un peu plus longtemps et, faisant celui qui n'a rien remarqué, il s'efforce d'être aussi gai que je le souhaite. Quel geste noble, je ne l'oublierai jamais.

Tout cela s'enchaîne très vite, comme dans un film. Je m'installe sur le siège arrière et mon mari fait démarrer la voiture presque en douceur. Le jeune Américain se penche du « Vénérable Canard » qui se dandine en direction de la rue.

— *Sayonara,* attention, les enfants! s'écrie-t-il en agitant les bras.

Le soleil glisse sur ses cheveux blonds. Comme il aime la vie! Les enfants, serrés autour du chef mécanicien, reculent. Tout le monde s'agite, même Mickey sur le kimono de Tadeo et Michiko. Si j'ai choisi de joyeuses petites souris pour orner les kimonos des enfants, c'est que la vie n'est pas toujours très gaie...

4

Qui aurait pensé que j'allais être à pareille fête? Vraiment, je ne méritais pas une sortie si agréable offerte spontanément à la manière occidentale. Me voilà enfoncée dans les coussins poussiéreux de notre vieille bagnole qui cahote le long des rues. C'est Fumio qui conduit et il se fraye un chemin à coups d'avertisseur.

Nous sommes dans le nouveau quartier d'Hiroshima, dont les rues ne sont pas encore pavées. C'est midi et l'agitation est à son comble. Les gens sortent de leur bureau pour trouver quelque chose à manger et d'autres reviennent déjà avec leur boîte de déjeuner sous le bras. Quel encombrement! Au coin d'une rue, nous manquons de renverser deux jeunes femmes qui traversent la chaussée. Elles s'esquivent en riant et je leur fais un signe d'amitié en regardant avec envie le beau tissu de leur kimono de printemps. A ce moment, une pensée désagréable me vient à l'esprit comme un caillou qui vous meurtrit dans une chaussure : « Qu'est-ce que je vais mettre dimanche, à la fête des cerises de Miyajima? »

Avant de savoir que Sam-san viendrait avec nous, j'avais vaguement pensé mettre la robe verte qu'une de mes amies m'a envoyée de Tokyo. Malheureusement, c'est une robe occidentale à manches courtes. Keiko, en l'achetant, a dû oublier ce que, moi, je ne pourrai jamais oublier : ces cicatrices trop éloquentes sur mon bras. Cela gâcherait tout mon plaisir de dévoiler ces plaques de chair livide que dissimule heureusement mon kimono.

J'écarte résolument ce problème de mon esprit. Je me dis que je suis une femme de trente et un ans, mariée et mère de famille, et que la coquetterie n'est plus de mon âge. C'est Ohatsu qui compte et je veillerai à ce qu'elle soit charmante pour notre Américain. J'ai une idée : pourquoi ne pas mettre en gage mes peignes d'argent pour acheter du tissu? Je demanderai à Fukuda, notre couturière, de faire vite un kimono pour ma petite sœur. Fukuda est une voisine très complaisante, et je suis sûre qu'elle nous obligera.

— Un sou pour vos pensées, Yuka-san!

Sam-san tourne vers moi son visage souriant, et je lui souris en retour, sans lui répondre, naturellement! Je ne dévoilerais mes pensées ni pour un sou ni pour un million de *yen*. Quand j'étais enfant, je disais tout ce qui me passait par la tête, mais à six ans, ma mère m'a appris les bonnes manières. Qu'est-ce qui vaut mieux, je me le demande, tout dire à la façon occidentale, ou garder ses pensées secrètes? Avouer ses sentiments risque de vous faire perdre la face, mais les cacher peut vous donner de terribles maux d'estomac.

Notre canard à moteur est-il devenu fou? Il se dandine si vite que nous dépassons une bicyclette et Fumio se tourne vers moi avec un discret sourire de triomphe. Cher Fumio! Quand le soleil fait éclater la blancheur de ses dents, il paraît en aussi bonne santé que Sam-san et je me dis avec bonheur qu'il n'y a peut-être pas lieu de s'inquiéter.

— Où allons-nous? demande l'étranger. Je n'ai encore rien vu d'Hiroshima. Ce rendez-vous m'a pris toute ma matinée. La ville a l'air entièrement reconstruite, comme Tokyo. Vous avez fait un sérieux travail depuis la guerre! s'écrie-t-il en regardant tout autour de lui.

— Oh! oui, dis-je rapidement. Tout est reconstruit, tout est neuf.

Quoi qu'il arrive, je ne veux pas que l'Américain découvre que le vieux Hiroshima vit encore. Pour nous, il y a une autre ville, et l'ancienne population, brûlée ou dispersée, vit encore dans des taudis que les étrangers ne voient jamais.

Fumio ne connaît pas l'anglais, mais il a compris ce que voulait dire Sam-san. Sans tourner la tête, il me montre du doigt la poche arrière de la voiture. J'en tire un vieux guide écorné et je commence à lire :

— Hiroshima est situé sur un delta où les cinq branches du fleuve Otha se jettent dans la mer du Japon. Est-ce que vous m'entendez, Sam-san? crié-je, dans le vacarme de la circulation.

— Prenez un micro, monsieur le guide.

— Avant le 6 août 1945, Hiroshima était un port de mer prospère avec une population de 360 000 habitants. Mais ce jour-là, au matin, la ville entière fut effacée de la surface de la terre...

C'est affreux! Ce rôle de guide est plus que je n'en puis supporter. Dans ce livre, il est dit que le 6 août, en une seule minute, entre 8 h15 et 8 h 16 du matin, 60 000 maisons furent réduites en cendre et 100 000 personnes brûlées et écrasées. Je hais les statistiques. Derrière chaque chiffre, je vois des visages humains qui me regardent du fond de leur agonie. J'arrête là ma lecture.

— Il y a tant de bruit, je ne peux pas continuer à lire. Vous pourrez regarder ce livre à la maison.

Enfin, grâce à Dieu, je m'en suis sortie. Je remets le livre en place, mais voilà que surgissent de nouvelles difficultés. Nous passons devant le Musée de la bombe atomique. Descendant de deux énormes autocars, des touristes, la caméra à la main, se bousculent à l'entrée, pour visiter notre hideuse collection de souvenirs et de photographies. Et par malheur, Sam-san qui n'a pas compris de quel musée il s'agit, demande à s'arrêter pour visiter.

J'essaie de l'en dissuader.

— Il vaudrait mieux venir un matin. Il y aurait moins de monde.

Mais l'Américain ne veut rien entendre et il ne reste plus qu'à obéir. Cela gâchera notre après-midi. Tant pis! Après tout, Sam-san est notre hôte honoré.

— Arrête, Fumio, dozo! murmuré-je en japonais.

Mais au lieu de s'arrêter, notre « Vénérable Canard » bondit en avant. Fumio appuie à fond sur l'accélérateur et, dans le rétroviseur, je vois son visage qui s'assombrit. Quoi d'étonnant? Visiter ce musée, disent aujourd'hui les survivants, c'est comme visiter sa propre tombe.

Avec un bruit de ferraille, notre vieille voiture dévale vers la rivière à une allure vertigineuse. Je retiens un cri de frayeur. Si mon mari ne désapprouvait pas la façon qu'ont les femmes occidentales d'intervenir sans cesse, je lui demanderais de conduire plus lentement. Mais je ne peux que me mordre les lèvres et me tenir sur mon siège. Au même instant, la voiture fait une embardée et au moment d'atteindre le pont, s'arrête brutalement. Nous descendons tous les trois.

— Quelle équipée! dit l'Américain en riant.

Il s'empresse vers l'avant de la voiture mais mon mari a déjà levé le capot et examine l'intérieur. Il me lance un regard éperdu et je lis dans ses yeux une supplication : « Emmène-le ».

— Venez voir la rivière, Sam-san!

Sans attendre sa réponse, je le conduis vers la berge escarpée. Je glisse et tombe presque (à dessein) et éclate de rire pour bien lui montrer qu'il n'y a rien de grave. Si Sam-san était japonais, il aurait évidemment interprété ma gaieté correctement et ri plus fort que moi. Au lieu de cela, il lance un regard intrigué vers Fumio qui bricole dans le moteur.

— Je n'y comprends rien, dit-il, qu'est-ce qui lui a pris ? Pourquoi s'est-il emballé comme cela ? Pourquoi ne veut-il pas que je l'aide ?

— Ne vous inquiétez pas, Sam-san, ce n'est rien.

Presque automatiquement, je garde mon masque de gaieté, inutile de dire que je ne peux répondre à sa première question. Pour ce qui est de la seconde, même un Américain devrait comprendre que Fumio a perdu contenance. En conduisant comme un fou, il a détraqué la voiture et maintenant il se sent coupable.

— Regardez ces jolies filles sur la rivière, lui dis-je, pour détourner son attention.

Les hommes sont comme les enfants : ils oublient tout dès qu'on leur parle d'autre chose. L'Américain fronce encore les sourcils, mais en voyant passer la barque, son expression s'adoucit. Trois jeunes filles, dans la fraîcheur de leur âge, agenouillées sur une natte de paille, chantent, en s'accompagnant d'un *samisen,* une vieille chanson triste.

— Pourquoi sont-elles toutes les trois habillées de la même façon ? me demande Sam-san.

— Ce sont des orphelines. Elles portent l'uniforme de l'orphelinat, dis-je, en espérant que mon pensionnaire ne poserait plus de questions aussi embarrassantes. (Mais il y a tant de choses gênantes à Hiroshima !)

— Qu'est-ce que c'est, ce bouquet de fleurs qui descend la rivière, Yuka-san ?

— Un bouquet ? (Je sens mon visage se glacer.) Ce sont des fleurs fanées que quelqu'un a jetées à l'eau.

Mais Sam-san continue à suivre des yeux ce bouquet de pensées blanches ballotté sur une vague d'argent et il hoche la tête avec obstination. C'est une appréciable qualité, l'obstination ! Mais quel malheur d'avoir à y faire face.

— Ce n'est pas vrai, s'écrie-t-il enfin, c'est vraiment un bouquet. Regardez ! Les tiges sont nouées avec une ficelle verte. Je parie tout ce que vous voudrez qu'elles ne sont pas là par hasard. C'est quelqu'un qui les a attachées à cette grosse pierre.

Il me lance un regard interrogateur qui me glace jusqu'aux os. Les jeunes filles dans leur petit bateau ont passé devant nous et, en apercevant le bouquet, celle qui ramait a soulevé ses rames assez haut pour l'éviter. Semblables à de petites larmes, des gouttes d'eau tombent sur les fleurs. Les jeunes filles baissent la voix et leur chant semble devenu plus triste.

— Hey! crie soudain notre Américain, ce pauvre Fumio, qu'est-ce qui lui arrive?

Je me retourne pour voir Fumio livide, appuyé contre le capot ouvert de la voiture. Avec une hâte fébrile, j'escalade la berge de la rivière.

— Fumio, qu'est-ce qui t'arrive? Réponds-moi!

Mais notre pensionnaire a déjà rejoint Fumio, il l'a pris à bras-le-corps, avec cet esprit de décision que j'admire tant chez les Occidentaux. Il le fait asseoir sur le marche-pied de la vieille Buick.

— Tenez, prenez mon mouchoir, et allez le tremper dans l'eau, Yuka-san. Dépêchez-vous.

En redescendant jusqu'à la rivière, j'ai le temps d'apprécier la façon dont il a pris les choses en main. Il a une profonde sympathie pour les êtres en détresse. Mais cette pensée n'a fait que me traverser l'esprit. Quand je reviens vers la voiture, je tremble de tous mes membres. Qu'est-ce que ça peut être? Voilà la question qui m'angoisse. Non, non, ce n'est que la chaleur soudaine du mois de mai. C'est seulement l'effort qu'a fait Fumio pour réparer cette sale voiture.

— Je vais vous dire, à mon avis, c'est un coup de soleil, m'assure Sam-san, en s'asseyant au volant après m'avoir aidée à installer Fumio sur le siège arrière.

Ma foi, oui, ce soleil de midi vous tombe dessus

comme une masse. Je m'en vais le conduire tout droit à l'hôpital.

— *Nic.*

Fumio a dû comprendre le mot hôpital, et il proteste avec énergie. Naturellement, si Fumio entrait à l'hôpital, tout le quartier le saurait avant une heure. Notre terrible propriétaire le saurait aussitôt, sans parler du patron de Fumio. Que deviendrions-nous?

— Ramenez-nous à la maison, Sam-san, dis-je en pressant les doigts glacés de mon mari pour le rassurer.

— Pas à l'hôpital, vous êtes sûre?

— Non, à la maison s'il vous plaît, Sam-san.

— D'accord. Alors à la maison, dit l'Américain en se tournant pour voir si Fumio est bien installé sur les ressorts cassés du siège.

Je vois ses sourcils se froncer et je suis sûre qu'il se dit à lui-même : « Je ne comprends pas. »

Ah! il y a tant de choses à Hiroshima, cher Sam-san, que je ne veux pas que vous compreniez. D'un coup, je me sens plus vieille que vous de cent ans. Vous êtes si innocent! Vous n'avez rien vu encore derrière nos murs, derrière nos défenses. Pour votre tranquillité, je souhaite que vous quittiez Hiroshima sans avoir rien deviné de ce qu'il y a derrière ces murs!

5

Quel beau magasin, le Fukuya ! Quelle bonne journée nous passons ! J'ai sauté de joie en apprenant que Fumio n'avait eu qu'un coup de soleil, comme l'avait deviné Sam-san, et rien de plus. Naturellement, je n'ai pas appelé le docteur (les gens auraient jasé), mais Hashimoto-san, le jeune étudiant en médecine qui habite au coin de la rue, est venu le voir et il s'est aussitôt prononcé pour une légère insolation. Mon mari s'est tout de suite senti mieux et il est retourné à son travail. Maintenant, nous sommes tous aussi heureux que possible et avec les *yen* que j'ai obtenus sur mes peignes d'argent, je suis venue avec Sam-san au magasin Fukuya pour acheter des vêtements de printemps à Ohatsu.

Je n'ai pas si souvent l'occasion d'aller faire des achats ! Nous sommes beaucoup trop pauvres. C'est pourquoi j'éprouve tant de joie à aller de rayon en rayon sans que les regards amusés de notre pensionnaire me gênent le moins du monde. Je montre peut-être mon plaisir trop naïvement. Je ne peux pas m'en empêcher. Sam-san ne peut pas se douter que je suis rarement allée dans un grand magasin. Il ne sait pas non plus que j'ai vu l'immeuble entier effondré sur lui-même avec des corps humains mêlés aux gravats. Alors que je regarde tout autour de moi les fastueux comptoirs, je sens que Sam-san me serre le bras, je lui souris et nous partons à la découverte d'autres merveilles. Pour l'instant, nous sommes seulement dans les rayons des soieries à bon marché.

— Hey... commence Sam.

En entendant son expression favorite, je pouffe à nouveau de rire.

— Hey quoi? fais-je pour le taquiner.

— Pouvez-vous me dire pourquoi Ohatsu a besoin de deux sous-kimonos? Nous sommes en mai, elle va étouffer avec tout ça!

Je ris de plus belle et il me faut expliquer au petit groupe de gens, qui nous ont suivis de comptoir en comptoir, la raison de ma joie tapageuse. A leur tour, ils s'esclaffent poliment, derrière leur main, pour ne pas gêner l'étranger, et j'explique à mon pensionnaire que pendant des siècles, les jeunes Japonaises ont porté, en certaines occasions, non pas deux, mais des quantités de sous-kimonos.

— Dans les pays neufs et élégants comme le vôtre, la mode peut changer en une nuit, lui dis-je. Ici, cela prend des siècles. Par exemple, l'usage veut que l'un des sous-kimonos répète la couleur dominante du kimono du dessus. Lilas, dans notre cas.

— Non, mossieur!

Ce « non mossieur » ne vient pas de Sam-san, mais de l'un des vendeurs du rayon. Il sait quelques mots d'anglais qu'il a probablement appris au cinéma.

— Lilas, fini. Tout le monde porte lilas ce printemps, explique-t-il. Les dames crier « lilas, lilas, lilas bon marché », rayon tout parti.

Il tapote ses belles dents en or de son stylo à bille et sourit légèrement.

— Moi propose jaune moutarde. Beaucoup, beaucoup, grand choix.

— Parce que personne n'en veut?

Mon Dieu, pourquoi cet Américain dit-il toujours ce qu'il pense? Ça lui crèverait donc le cœur de se taire quelquefois? Mais les commerçants sont coriaces; autrement, ils mourraient de faim, et notre vendeur sourit à Sam-san de toutes ses dents en or.

— Vous, mossieur, acheter lingerie pour honorable fiancée?

— Ma fiancée, oh! la! la! je voudrais bien!

Et moi, comme je le voudrais aussi! Ce serait le plus grand bonheur pour moi de savoir ma frêle petite sœur entre les mains d'un jeune homme, fort et bon comme Sam-san. C'est comme si je voyais les belles rivières de sang rouge et tous leurs petits canaux courir sous la peau saine de cet Américain. Naturellement, Ohatsu serait furieuse que je la marie en pensée à un étranger. Douce comme elle est, il y a pourtant en elle une indomptable volonté, un désir passionné de se frayer son propre chemin, qui m'effraie quelquefois. Comme tant de jeunes gens d'Hiroshima qui ont connu d'atroces expériences pendant leur enfance, elle paraît toujours à deux doigts de la folie.

Voilà qu'un drôle de petit bonhomme s'approche et se met à discuter avec notre vendeur. Ce petit homme voûté dans son costume de campagnard, avec une grosse casquette de laine enfoncée sur la tête, nous a suivis de comptoir en comptoir depuis presque une heure et il a pris plus d'intérêt à nos achats que nous-mêmes. Il commence à discuter violemment au sujet de ce tissu couleur moutarde. Mon Dieu, le vendeur est presque décontenancé. Comment détourner l'attention de ce paysan? Je lui demande en m'inclinant d'où il vient; il s'incline à son tour et m'apprend qu'il travaille dans une exploitation de vers à soie aux environs d'Hiroshima. Il est venu aujourd'hui pour visiter la ville et comme le magasin Fukuya est la super-attraction du nouvel Hiroshima il a passé là sa journée entière. Dès qu'il a aperçu l'Américain, avec sa stature de gratte-ciel et ses cheveux blonds, il ne l'a plus quitté des yeux. Il s'est collé à lui comme un timbre-poste sur une enveloppe.

— Pour ce qui est du tissu moutarde, dit-il en revenant obstinément à son idée, ne l'achetez pas. C'est la couleur de la...

Autour de nous, les hommes sourient derrière leur main et les femmes derrière leurs nouveaux éventails de printemps.

— Dites-moi ce qu'ils racontent, Yukasan. J'ai horreur de ne pas comprendre ce qu'on dit, se plaint l'Américain.

— Je ne peux pas vous l'expliquer, lui dis-je, c'est trop grossier.

Il y a chez les Occidentaux, à ce qu'il paraît, un curieux mélange de pruderie et de grossièreté, ce qui me retient de traduire la plaisanterie un peu crue du fermier.

Mais l'attention de Sam-san s'est déjà portée vers autre chose.

— Dites-moi, il y a quelque chose...

— Qu'est-ce qu'il y a encore que vous ne « pigez » pas, dis-je en plaisantant, car c'est son expression favorite.

Sam-san, avec une grimace, m'explique qu'il ne comprend pas pourquoi les gens nous suivent de rayon en rayon.

— Ils nous collent comme des mouches, grogne-t-il.

Trois jeunes lycéennes se tenant par la main nous entourent ainsi qu'un jeune couple, jeunes mariés à en juger par leurs visages radieux. Une grosse femme, qui s'évente avec énergie, va jusqu'à toucher tout ce que nous achetons tandis que le petit fermier ne nous lâche pas d'une semelle.

— Il n'y avait que ces femmes quand nous avons acheté les sandales d'Ohatsu, remarque Sam-san. Nous avons ramassé les jeunes mariés quand nous achetions sa ceinture et nous avons récolté les autres au rayon des ombrelles. Maintenant, nous avons huit personnes autour de nous, en comptant le vendeur. Bon Dieu, ils ne peuvent donc pas nous laisser tranquilles!

Presque deux mètres de haut et pas plus de cervelle qu'un moineau! Il s'imagine peut-être que je vais disperser ces gens comme une bande de poulets, en claquant dans mes mains. Ce jeune Américain ne comprend-il pas que les Japonais qui n'ont pas d'argent en sont réduits à acheter avec leurs yeux. Ils participent humblement aux achats somptuaires des plus fortunés, et pourquoi s'en priveraient-ils?

— Hey, il est fou!

Poliment, le vendeur entasse les paquets dans mes bras et je vois Sam-san ouvrir des yeux stupéfaits. Je lui souffle de ne pas intervenir et il hausse les épaules dans un geste d'impuissance.

— Très bien, soyez donc une bête de somme puisque c'est l'étiquette! Et ne comptez pas sur moi pour vous en empêcher. Où allons-nous maintenant?

— A la maison, dis-je.

Comme il m'est agréable de dire à Sam-san : « la maison ». Je sais que ce n'est pas un sentiment avouable, mais c'est si nouveau pour moi d'avoir un compagnon jeune et gai que cela m'a tourné la tête.

Mais Sam-san proteste :

— Non, allons acheter quelque chose pour vous maintenant, Yuka-san.

— Oh oui, quelle bonne idée!

C'est le couple de jeunes mariés qui a répondu cela. Ils comprennent évidemment l'anglais. Une fois de plus, San-san ouvre de grands yeux. Il les regarde avec stupéfaction.

— Je crois que je commence à piger! dit-il.

— Piger quoi? dis-je.

Ses yeux clairs parcourent notre petit groupe et il hoche lentement la tête. Est-ce qu'il commencerait vraiment à percevoir le sens des rapports humains dans notre pays? Peut-être cela lui rappelle-t-il les relations de son père, le médecin de campagne, avec ses malades qui ne le payaient souvent que de gratitude et d'amitié.

Sam-san me prend par le bras.

— Qu'est-ce que vous penseriez d'une paire de ces épingles à cheveux, de celles qui ressemblent à des sucettes?

Des *buyens!* Je sais que ce n'est pas l'usage pour une femme mariée d'accepter un cadeau d'un homme, mais j'aurais tant de plaisir à porter ces épingles à Miyajima.

— Ce serait merveilleux! (Et j'enchaîne d'une façon imprudente.) Vous savez, les peignes d'argent que j'avais...

Je m'arrête brusquement, mais trop tard. J'ai vendu la mèche. Et je sais, à la façon dont Sam-san me regarde, qu'il a deviné de quelle façon je me suis procuré l'argent pour tous ces achats.

— Nous les achèterons un autre jour, dis-je rapidement. Il faut rentrer maintenant. Il est tard.

Mais l'Américain ne bouge pas. Il continue à me regarder d'une drôle de façon et je suis affreusement embarrassée. Enfin, je me dirige vers l'escalier roulant, suivie de tout notre petit groupe, mais je suis si troublée qu'au lieu de prendre l'escalier qui descend, j'emprunte celui qui monte vers les rayons de bijouterie. Et tandis que je m'élève, je ressens une délicieuse sensation au creux de la poitrine. Je m'imagine sur les ailes d'un oiseau qui m'emporte vers les cieux plus cléments. Oh! c'est une vaine pensée, je le sais bien, mais je suis heureuse de savoir que Sam-san ne m'en voudra pas, bien au contraire.

J'arrive au sommet, toujours suivie de notre petit groupe qui regarde en souriant le jeune étranger resté à l'étage du dessous et qui s'apprête à nous rejoindre. A côté de lui, le paysan, un doigt sur la bouche, nous regarde avec l'air d'un petit garçon écarté de la fête. De sa vie, il n'a jamais vu un escalier, encore moins un escalier roulant. Il meurt d'envie de le prendre, mais il n'ose pas. Mais voilà que mon impétueux Occidental attrape le petit fermier par la manche et lui montre par gestes véhéments comment mettre ses deux pieds sur la même marche et se tenir tranquille jusqu'à ce que cette grosse chenille l'ait transporté tout là-haut. Le petit homme est au comble du ravissement. Au moment où ce couple bizarre arrive au sommet, l'un grand comme le mont Fuji, l'autre petit et rond comme un cocon de ses vers à soie, le fermier entraîne Sam-san vers l'escalier de descente. Ils remontent encore une fois et descendent une fois de plus. Tous s'esclaffent derrière leurs éventails de papier. Puis chacun me salue bien bas et s'en va de son côté.

Et voilà de nouveau l'Américain et son fermier. Cette fois, Sam-san me rejoint. Le paysan me salue à plusieurs reprises avant de courir vers ses chers escaliers roulants. Il a compris le système maintenant et il va s'amuser à monter et à descendre jusqu'à la fermeture du magasin.

— Quel gosse! dit Sam-san en riant. Mais qu'a-t-il donc à la tête? Vous n'avez pas remarqué, Yuka-san, sous sa casquette?

Nous traversons le rayon de nouveautés et dans la foule il m'est facile de faire celle qui n'a pas entendu. Rien ne doit venir gâcher notre sortie.

— Il portait sa casquette enfoncée sur la tête, insiste l'Américain. Savez-vous pourquoi? Il n'a plus d'oreilles. Je vous assure, ce petit bonhomme n'a plus d'oreilles. Comment cela a-t-il pu arriver? Il avait des cicatrices sur le cou comme s'il avait été brûlé profondément, ou comme si un animal l'avait mordu. Qu'est-ce qui a pu lui arriver, Yuka-san?

Je ne sais que répondre. Puisqu'il n'a pas compris la vérité, laissons cette question dans le vague. Pourquoi lui expliquer quelle sorte de bête a arraché les oreilles du fermier et mordu mon bras jusqu'à l'os? Je connais assez Sam-san maintenant pour savoir qu'il a le cœur sensible, trop sensible. Pourquoi le faire souffrir en lui rappelant ce qui s'est passé ici, il y a quinze ans.

— Ah, nous y voilà, dis-je avec un soulagement peut-être trop visible. Voici les épingles à cheveux.

Sam-san examine les épingles en plastique qui garnissent le comptoir. Il y en a des douzaines, de toutes les couleurs et de toutes les tailles, mais je sais tout de suite celles que je veux, celles qui m'iront. Presque aussitôt, Sam-san les place dans mes cheveux : elles sont gris tourterelle, garnies d'une belle perle. Quelle chance qu'il ait justement choisi celles-là et que nous ayons le même goût!

— Sacrebleu, Yuka-san!

— Qu'est-ce qu'il y a?

— Je n'avais pas encore vu comme vous êtes jolie!

Je me sens rougir. Sans même attendre que Sam-san ait payé, je pars en avant et me trouve devant le bar où des couples bavardent en riant devant leur montagne de crème glacée ou leur coupe de fruits.

— Qu'est-ce que vous prenez? me demande Sam-san en me rattrapant.

J'ai l'impression de vivre un film américain en montant sur le haut tabouret et en commandant les consommations. Que tout cela est délicieux! Mes yeux rencontrent ceux de Sam-san tandis que nous aspirons notre limonade glacée avec une paille transparente. Nous nous arrêtons de boire pour nous sourire et cette fois je sais que nous sommes devenus de vrais amis.

6

Avec un peu de clairvoyance, j'aurais pu éviter ce faux pas. J'aurais pu m'arranger pour retarder le retour de notre pensionnaire et l'empêcher ainsi de rencontrer notre vieil ami, le peintre Maeda-san. Mais je vis dans un tourbillon ! Occupée tout le jour à rendre confortable le séjour de notre hôte, je suis sur mes pieds du lever au coucher du soleil, depuis le moment où j'entrouvre le *fusuma* jusqu'à celui où je m'écroule sur ma natte. C'est sûrement la fatigue qui m'a fait commettre cet impair.

Quelquefois, je suis bien découragée. Prudence et bon sens sont les principales vertus d'une maîtresse de maison japonaise. Jamais je ne parviendrai à être aussi clairvoyante que ma mère, aussi avisée que ma tante Matsui. Ai-je une nature trop frivole ? J'aime bavarder, chanter, jouer du *samisen ;* est-ce si grave ? Hélas, cet incident risque de nous priver à l'avenir de nouveaux pensionnaires.

Dès que j'eus ouvert la porte et vu Maeda-san et mes trois voisines assises en rang sur le banc, je me suis aussitôt rappelé que nous étions mercredi soir : le jour du bain. Je ne pus que m'incliner bien bas et m'avancer en souriant, me répétant les formules de politesse que je prononcerais en présentant Sam-san à mes invités.

J'aurais voulu persuader notre pensionnaire de rentrer

avec moi à l'intérieur, mais mes efforts périrent dans l'œuf (pour employer une belle expression poétique occidentale) lorsque Maeda-san se tourna résolument vers l'étranger avec un de ses incomparables sourires.

— Très heureux de saluer l'hôte honoré de mes amis.

Maeda-san a eu les cordes vocales brûlées, mais le sourire dont il accompagne ses paroles fait oublier le son affreusement rauque de sa voix. Quel charme y a-t-il donc chez cet homme si délicat, qui captive instantanément? Maeda-san est semblable à un jardin, à un petit jardin rempli de fleurs précieuses. Chaque jour, il défriche une nouvelle parcelle de lui-même, la bêche, la désherbe et l'arrose et sème de nouvelles fleurs. Privé de soins, dit Maeda-san, l'esprit devient une terre sauvage infestée de serpents venimeux et envahie de ronces.

Il a aussitôt essuyé la poussière de notre banc et invité l'étranger à s'y asseoir. Sam-san s'exécute avec empressement. Évidemment! Sam-san est tout à fait le genre d'homme capable de comprendre qui est Maeda-san en dépit de sa voix rauque, en dépit de sa peau brûlée. Après un autre salut courtois, Maeda-san s'assied à son tour sur le banc, tandis que les trois vieilles femmes s'agenouillent sur l'herbe, à une distance respectueuse. Cachant mon inquiétude derrière mon plus gracieux sourire, je rentre à la maison :

— Je vous prie de m'excuser, je dois préparer le repas de mes invités.

Mais je n'ai nullement l'intention d'aller à la cuisine. Une femme avisée doit toujours garder en main la situation. C'est ce que m'a appris ma tante Matsui. Je reste derrière le *shojii,* l'oreille aux aguets, prête à accourir et à éloigner notre pensionnaire si les propos de Maeda-san deviennent trop gênants, trop révélateurs. Au début, tout semble aller très bien. Maeda-san s'en tient aux banalités dictées par les bonnes manières :

— Je suis très heureux d'apprendre que vous allez

dimanche à Miyajima. J'y vais également avec des amis et j'espère vous y rencontrer, monsieur Willoughby.

Par malchance, voilà mon bouvreuil qui se met à chanter. La voix de Maeda-san est si faible que je peux à peine entendre ce qu'il dit. Et avec les cris perçants de l'oiseau, il devient impossible de comprendre un seul mot.

— Ce sera avec un grand plaisir, monsieur.

La voix de Sam-san est ferme et enthousiaste et on dirait qu'il ne peut pas détacher ses yeux de mon ami.

Sur le revers de son kimono gris, le vieux peintre porte comme d'habitude une fleur. Son menton est bien dessiné, son nez fin et droit et il ne se départ pas de son gracieux et immuable sourire.

— Vous aimez beaucoup le *Ofuro?* demande-t-il à Sam-san, et je remercie le ciel qu'il aborde un sujet aussi inoffensif.

Quand mon pensionnaire répond qu'il n'a pas encore eu le plaisir de prendre un bain japonais, Maeda-san lui demande s'il aimerait être initié à ce rite.

— Bien sûr, je veux tout connaître du Japon!

L'Américain, à sa façon, a beaucoup de charme aussi. Il est hors de doute qu'il plaît à Maeda-san.

— Eh bien, les Japonais ont une passion pour l'eau chaude, explique Maeda-san, comme les Américains pour le whisky et les Anglais pour le thé. Nous autres Japonais, nous sommes...

— ... les plus grands baigneurs du monde, dit Sam-san en riant.

— C'est bien vrai, continue Maeda-san sans fausse modestie. Eh bien, la première chose à savoir au sujet de l'*Ofuro,* est que se baigner ne veut pas dire se laver.

— On ne se lave pas?

— Non. On se lave avant. Le bain ne sert qu'à se réchauffer, se reposer, se détendre. Voilà comment se passe la cérémonie.

» D'abord le chef de famille bondit dans le bain bouillant, puis bondit hors de l'eau. Ensuite le fils bondit dans le bain, bondit hors de l'eau. Puis la mère...

— Vous voulez dire que la mère prend son bain après son fils? demande Sam-san intrigué.

Je me sens rougir derrière mon *shojii.* Que vont penser mes amies de cette question saugrenue? Par amitié pour mon jeune pensionnaire, j'ai envie de sortir de ma cachette et de le protéger contre leurs jugements sévères.

— Évidemment, réplique Maeda-san. (Et il s'empresse d'ajouter, plein de tact :) Ensuite, ce sont les filles qui entrent dans le bain, enfin la servante s'il y en a une. S'il y a des chiens dans la maison, eh bien, les chiens prennent leur bain à leur tour.

— Encore heureux qu'ils passent les derniers, murmure Sam-san.

— Pardon?

— Oh rien, fait-il, la mine contrite.

Meada-san lève une main fine, tachée de peinture comme le sont, je suppose, les mains de tous les peintres.

— Encore une chose, s'écrie-t-il, avant de prendre votre bain, mon ami, rappelez-vous toujours d'avoir à saluer bien bas toute votre famille en vous écriant *« Ho furoni »,* c'est-à-dire : « Je prends mon bain. » Et quand vous sortez, inclinez-vous à nouveau et dites : *« Ho furo Mashita »,* c'est-à-dire : « J'ai pris mon bain. » Vous comprenez?

— *Ho furoni!* crie notre impétueux Américain, sautant sur ses pieds.

Il a l'air heureux comme on doit l'être au milieu de bons amis.

— Et moi, dans cette cérémonie, quand est-ce que je me baigne? Après le chien?

Maeda-san lui adresse un sourire plein de sympathie et de charme.

— Avant tout le monde, bien sûr, parce que vous êtes

l'hôte honoré. Nous attendons tous maintenant que l'eau chauffe. Ces trois personnes viennent comme moi pour prendre leur bain.

Maeda-san désigne d'un geste mes trois voisines agenouillées sur l'herbe, dans leurs vieux *mompes* tachés de graisse (ces pauvres vieux pantalons de travail témoignent vraiment de leur misère).

— Voyez-vous, continue Maeda-san, ces dames n'ont pas les moyens d'avoir leur propre bain. Aussi, Yuka-san et moi, nous les invitons chez nous, chacun deux fois par semaine. Les temps ont bien changé depuis la guerre. Depuis que nous sommes exclus des bains publics...

— Exclus?

Ah! je le savais. Voilà le moment que je redoutais tellement.

— Le thé est servi, m'écriai-je gaiement, en bondissant de derrière mon *shojii.* Voulez-vous entrer, Sam-san?

J'aurais dû le prévoir : l'obstination que j'ai si souvent admirée tourne à l'entêtement. Il m'ignore carrément, moi et mon thé.

— Comment cela, exclus? répète-t-il avec insistance.

— A cause de nos chéloïdes, répond doucement Maeda-san. Tant que nos cicatrices n'ont pas fini de bourgeonner... Vous ne savez pas que nous sommes des victimes de la bombe atomique?

Cette fois Maeda-san a vraiment mis les pieds dans le plat, comme disent les Occidentaux. Et je suis sûre qu'il l'a fait exprès. Un homme si délicat n'aurait pas heurté de front un invité sans une raison précise.

— Voyez-vous, tous les cinq ici, Yuka-san, ces trois dames et moi-même sommes parmi les cent mille rescapés de la bombe atomique, poursuit-il. La plupart d'entre nous ont été horriblement brûlés, sans parler des lésions internes plus sérieuses. C'est pour cela que les nouveaux habitants d'Hiroshima, ceux qui sont venus ici après la guerre et qui se portent fort bien, font tout ce qu'ils peuvent pour nous éviter. Ils poussent des cris quand ils voient nos répugnantes cicatrices. Ils ne supportent pas de voir nos corps nus dans les bains publics.

Pour une fois, je suis furieuse contre mon cher vieil ami. Maeda-san, qui connaît le cœur humain de A à Z, aurait dû deviner la sensibilité de ce jeune Américain. Pourquoi l'a-t-il traité avec une telle indélicatesse? Je vais encore essayer de sauver la situation.

— Voulez-vous que j'apporte le thé dehors? proposai-je en désespoir de cause.

Personne ne répond, mais je me hâte vers la cuisine et reviens avec le plateau.

C'est pourtant bien agréable une bonne tasse de thé vert mais, bien que mes hôtes l'acceptent avec gratitude, ils ne semblent pas en humeur de se détendre. J'essaie de faire taire Maeda-san en mettant discrètement un doigt sur mes lèvres mais, à ma grande surprise, il secoue la tête.

Je comprends alors que les vues de Maeda-san sont différentes des miennes et qu'il entend mener le jeu à sa façon. C'en est fini de ma colère. Je me sens presque soulagée.

— Harada-san est une victime caractéristique de la bombe atomique, continue le vieux peintre en échangeant un regard avec l'une des trois femmes agenouillées derrière lui sur l'herbe. Voyez comme elle a le visage aplati. On l'a retrouvée sous les décombres d'une station de métro et c'est le ciment qui l'a préservée des radiations atomiques. Harada-san a vécu des moments terribles, elle avait un magasin de fleurs et il a été détruit. Elle avait des fils, elle les a perdus. Elle a perdu son mari, sa santé, sa beauté, en une minute, ce fameux matin du 6 août. Maintenant, elle est inscrite comme manœuvre à l'office du travail de la ville. Comme la plupart des survivantes sans ressource, elle travaille à la réfection des routes.

Sam-san a pâli sous son hâle. Il jette un regard rapide à

Harada-san, mais ses yeux se détournent sans plus savoir où se poser.

— Désormais, Harada-san se lève à l'aube, elle marche des kilomètres sur ses jambes enflées...

Je sais maintenant que Maeda-san ne fera grâce d'aucun détail.

— Après avoir trimé tout le jour, elle se traîne jusqu'au bord de la mer pour pêcher des palourdes, ou le long des collines pour y cueillir des herbes comestibles. Son salaire de manœuvre ne lui permet même pas d'acheter assez de riz pour vivre. Elle doit faire encore des heures supplémentaires et veiller toute la nuit pour gagner quelques *yen*. Elle travaille pour un restaurant à malaxer de la morue qu'elle réduit en une sorte de pâte. C'est un dur travail. Et elle n'est qu'un cas parmi des milliers, des dizaines de milliers. Ah! mon cher, il y a bien longtemps qu'Harada-san n'a pas ri du fond du cœur.

Maeda-san a fini. Je jette à la dérobée un regard à Sam-san. Naturellement, j'y lis le désespoir que je redoutais. Il n'a pas supporté d'entendre la vérité sur nous et notre misère. Mais alors, mon regard tombe sur Harada-san et d'un seul coup, cet étranger ne compte plus pour moi. Comme c'est étrange! Avoir fait tant d'efforts pour lui plaire et en être arrivée là.

Je vais lentement vers Harada-san sur la pelouse. Je m'agenouille devant elle et lui présente mon plateau.

— Voulez-vous du thé, Harada-san?

Elle prend le bol de thé rouge que je lui tends et comme mes mains effleurent les siennes, un éclair d'amitié passe entre nous. Ah! j'aimerais pouvoir serrer Harada-san dans mes bras comme ces deux étrangères que j'ai vues une fois s'embrasser l'une l'autre à la gare de Tokyo. Mais les Japonais ne laissent pas voir leur tristesse. Nos yeux cependant se comprennent et la vapeur qui s'élève de la théière bouillante étend sur les traits disgraciés d'Harada-san un voile miséricordieux.

Il se produit alors quelque chose d'extraordinaire. Derrière le nuage de vapeur, je revois Harada-san telle qu'elle était avant que la bombe ne ravage ses traits : jeune, charmante, aimée. Harada-san se penche en avant. Elle voit dans mes yeux la véritable image d'elle-même et son pauvre visage s'éclaire d'un sourire de gratitude : elle se met à rire d'un rire clair et jeune.

— *Arigato,* murmure-t-elle, en prenant son thé. Merci, merci.

Par-dessus l'épaule d'Harada-san, je vois le visage de Sam-san. Quelle détresse dans ses yeux ! Maintenant, il connaît la vérité. Va-t-il fuir notre misère ?

Eh bien, s'il veut partir, qu'il parte ! Qu'il parte ! Mais moi, je reste avec les miens. Je reste avec toi Harada-san, car c'est vers toi que va mon cœur.

7

Si Sam-san était japonais, il prétendrait n'avoir rien remarqué. Mais il ne l'est pas! Son premier contact avec le monde secret d'Hiroshima l'a profondément bouleversé et il ne sait comment le cacher. Depuis le départ de mes invités, il marche de long en large dans le jardin, le visage dur et le front soucieux. Ce n'est plus le même Sam-san.

Je rentre silencieusement dans la cuisine, car il est clair que notre pensionnaire a envie d'être seul.

Dans un bol de terre, je mets le riz et par-dessus, je verse l'eau bouillante. Comme je l'aime, ma cuisine! Elle est petite, elle est nue, sans le moindre confort et cependant c'est là que je me sens le mieux chez moi. Seule dans ma cuisine, je peux donner libre cours à mes pensées et ressasser mes chagrins secrets. Tout en préparant le bouillon d'algue, je pense à Fumio et mes craintes, comme de grands oiseaux, m'assaillent de nouveau.

Ding, ding! déjà 8 heures! Chaque soir, Fumio met un peu plus de temps pour revenir du garage jusqu'à la maison. Chaque soir, il semble plus fatigué que la veille.

Le Fumio que j'ai épousé aurait mis dix minutes pour faire le même trajet, même avec ses grosses bottes de l'armée. Je suis si inquiète qu'en voulant allumer le feu, mes doigts laissent échapper l'allumette : elle tombe et fait un trou dans mon *yukata*.

Un éclat de rire retentit dans la maison. Vite je regarde à travers la fente du *shojii* et j'aperçois Sam-san et les enfants assis par terre, en train de bien s'amuser. Sam-san leur montre comment, avec un grand mouchoir, on peut faire un lapin aux oreilles pointues. Comme il est à l'aise, ce jeune Américain! On dirait qu'il est de la famille et pourtant, il y a trois jours, nous ne le connaissions pas. Il a préféré s'installer ici, dormir sur le plancher, renoncer à son confort, simplement parce qu'il aime l'atmosphère de notre petite maison. Le cœur plus léger, je retourne à ma cuisine. Ce sera le premier dîner que Sam-san prendra avec nous.

Enfin, j'entends le pas de mon mari dans le jardin et le déclic de la porte de bambou qui s'ouvre et se ferme. C'est le signal que j'attendais pour préparer le plat de riz et verser le bouillon d'algue dans nos jolis bols de porcelaine. Dans la pièce voisine, j'entends les deux hommes se saluer et Michiko s'écrier joyeusement : « *Konichiwa,* papasan! » Il faut que cette soirée soit particulièrement gaie pour que Sam-san oublie la triste conversation de l'après-midi. Quel dommage qu'Ohatsu travaille ce soir! Son charmant visage — qui lui rappelle peut-être celui de Tosho Hamada — met toujours Sam-san d'heureuse humeur.

— Comme vous voilà bien installés! dis-je en ouvrant le *shojii*.

Tout le monde est réuni autour de la table et, sous la table, le brasier brûle doucement. Mon mari s'est enveloppé les jambes dans une grosse couverture piquée car, bien que nous soyons en mai, il se sent frileux dès que tombe le soir. Et je sais qu'il aime trouver, en rentrant, un bon feu à la maison.

Michiko est en train d'apprendre très sérieusement à Sam-san à se servir des baguettes.

— Mais non, dit patiemment ma petite fille, pas comme ça, Sammy!

— Michiko! dis-je, choquée.

— C'est moi qui lui ai dit de m'appeler Sammy, explique Sam-san en souriant.

Il entoure Michiko de son bras et la serre contre lui.

— Ne la grondez pas, Yuka-san. C'est presque ma fille.

Je dépose le plat de riz sur la table et comme je soulève le couvercle, une délicieuse odeur s'en dégage. Nous rions de voir Sam-san se débattre avec ses baguettes d'ivoire.

— Qu'on ne nous parle plus de ces vieilles fourchettes ridicules, s'écrie-t-il joyeusement. A partir d'aujourd'hui, j'adopte les baguettes!

Même Fumio sourit. Oh! mon cher mari, quelle joie pour moi de te voir sourire! C'est si rare, maintenant. Je ne veux pas te mettre mal à l'aise en te témoignant mes sentiments devant un étranger, mais je sens une vague d'affection qui me pousse vers toi. Je m'agenouille près de Sam-san et je dépose devant lui un bol de soupe. Sur le couvercle du bol est dessinée une cigogne en train d'avaler une grenouille.

— J'espère que vous aimerez ce bouillon d'algue, Sam-san. Je l'ai parfumé avec les herbes qu'Ohatsu fait pousser dans son jardin, ajoutai-je avec malice.

— C'est Ohatsu qui les a fait pousser?

Notre hôte semble surpris qu'une jeune fille aussi fragile qu'Ohatsu puisse s'adonner au jardinage. Avant même d'avoir goûté sa soupe, il s'écrie :

— C'est délicieux!

Alors, parcourant des yeux la pièce tout autour de lui, il s'écrie avec conviction :

— Comme on est bien ici!

Et, cette fois, je retrouve le Sam-san qui me plaît tant.

Je regarde à mon tour cette pièce que je connais si bien,

et, la voyant avec les yeux de l'étranger, c'est comme si je la voyais pour la première fois. Comme elle est harmonieuse et simple! Sur un long rouleau de parchemin déroulé contre le mur, Maedasan a peint des brassées de fleurs rares et inscrit cette ancienne pensée japonaise :

Cultive les Fleurs de ton esprit
Et le monde en sera parfumé.

En face de moi, un humble bouquet — trois tulipes blanches dans un vase blanc — déverse la paix en nos cœurs fatigués. Par la porte entrouverte, j'aperçois notre lanterne de pierre qui projette une douce lumière sur le pâle cerisier aux bourgeons endormis.

— On se sent vraiment chez soi, ici! dit l'Américain avec chaleur. Vous savez, Yuki-san, il faut quelqu'un comme vous pour faire d'une maison un foyer où des enfants puissent vivre heureux.

Je suis affreusement gênée. Une vieille femme comme moi, qui a dépassé la trentaine, mariée et mère de famille, être ainsi l'objet de tels compliments! Je ne sais plus où tourner les yeux. Je me cache la tête dans les cheveux de Michiko qui jette ses bras autour de mon cou.

La vie est trop merveilleuse! Pour cacher ma joie, je me précipite à la cuisine et j'en reviens avec de délicieuses tranches de poisson cru, roses, blanches, garnies de rondelles de radis au vinaigre. Après avoir servi ce repas de fête, spécialement préparé pour notre hôte, je verse le saké. Puis je reviens m'asseoir et contemple ma petite famille qui mange et s'amuse.

Nous avons les pieds bien au chaud sous la table et les jambes protégées par la bonne couverture piquée. Cinq paires de coudes sont plantés sur la table et cinq visages heureux savourent la délicieuse odeur des plats. Les baguettes ne chôment pas et les coupes de saké se vident.

Le vin de riz nous émoustille et nous connaissons un parfait bien-être.

Mon bonheur est presque incroyable. Je ne savais pas que j'aimais à ce point ma famille et mon foyer et j'en ai presque honte. Pendant des années, mon seul souci a été de reconstruire notre nid, de le rendre aussi douillet que possible. Est-ce une faute de n'avoir pensé qu'à notre bonheur? Il y a tant à faire dans cette ville martyrisée, tant de victimes abandonnées à leur misère! C'est à elles que je devrais donner mon temps et mon amour. Maeda-san me l'a dit, lui qui est la générosité même.

— Attention, mes amis. Écoutez-moi bien.

Fumio et moi, intrigués, nous inclinons d'un même mouvement vers notre hôte.

— Je voudrais lever mon verre aux êtres les plus charmants que j'aie jamais rencontrés. Longue et heureuse vie, mes amis! Heureuse vie à vos enfants et puisque nous sommes au Japon, longue vie à tous vos honorables petits-enfants, ajoute Sam-san en riant.

Il est peut-être un peu éméché, mais si gentil. Il vide sa tasse et me la tend aussitôt pour que je la remplisse.

— Et maintenant, s'écrie-t-il, buvons au bonheur du monde!

Je traduis pour Fumio et verse quelques gouttes de saké aux enfants. Je lève ma tasse, m'incline tour à tour devant notre hôte, mon mari, mon fils, ma fille.

C'est alors que je me tourne encore une fois vers Fumio. Nos regards se croisent et ce que je lis dans ses yeux, c'est le désespoir et la souffrance. Je vois deux larmes qui s'échappent des yeux de Fumio, tremblent au bord de ses longs cils et glissent lentement le long de ses joues. D'émotion ma main tremble et quelques gouttes de saké brûlant tombent sur mes doigts.

Mon cœur se glace et je retiens un cri. Maintenant, je sais que la faiblesse ressentie par Fumio l'autre matin près de la rivière n'était pas une insolation. Craignant de perdre mon contrôle, je quitte brusquement la table en murmurant :

— Excusez-moi, je vous en prie.

Sam-san me regarde avec inquiétude, puis ses regards se tournent vers Fumio et il comprend qu'il se passe quelque chose.

— Je me suis brûlé la main avec le saké. Stupide main ! dis-je en me donnant une petite tape pour faire rire les enfants.

A leur tour, ils s'amusent à se frapper la main en riant et j'en profite pour m'esquiver sans attirer l'attention.

Dans la cuisine, je me jette contre le mur, et j'éclate en sanglots. Silencieuse, je pleure, tapant du pied sans bruit et mordant mes lèvres jusqu'au sang. J'étouffe le bruit de mes sanglots : Fumio ! oh ! Fumio !

Il ne s'est peut-être pas écoulé plus d'une minute et je sais déjà, au fond de moi, qu'il est temps de regagner la table. Notre hôte va s'étonner de mon absence. Je sanglote encore convulsivement. Mais cette fois, je relève la tête et je ravale mon dernier sanglot. J'arrange mes cheveux, me compose un visage et je me force à sourire. Allons ! je prends une coupe de belles prunes vertes que j'avais préparée avant le repas et, rassemblant tout mon courage, je l'apporte sur la table, pour la plus grande joie des enfants.

8

— Ces sales limaces! Il y en a donc partout!

Agenouillée devant son massif de fleurs, Ohatsu enlève une limace d'une blanche pensée et contemple avec désolation le visage abîmé de la fleur.

— Si le monde pouvait être enfin débarrassé de ces sales bêtes! dit ma petite sœur d'une voix frémissante.

Oh! je voudrais qu'Ohatsu ne mette pas tant d'ardeur à tout ce qu'elle dit et fait! Avec quelle passion maintenant elle s'occupe de ses fleurs! Elle tient la limace entre deux doigts et en voyant ses cornes frémir de terreur, elle reporte aussitôt sur elle l'élan de sa sympathie.

— Crois-tu qu'elle souffre quand on... l'écrase?

Je sens qu'elle a du mal à prononcer le mot : écraser et je sais ce qu'il signifie pour elle.

Nous sommes agenouillées côte à côte dans l'herbe verte et Ohatsu me parle à voix basse, de crainte de rompre l'harmonie de cette calme nuit de mai. Je me sens gagnée à mon tour par sa compassion envers tous les êtres vivants. Il me revient alors en mémoire avec quels cris effroyables sont morts les animaux familiers d'Hiroshima, le jour du grand holocauste. Oui, chaque créature est capable de souffrance et jusqu'aux limaces, j'en suis sûre. Qu'Ohatsu redonne donc la liberté à cette misérable bestiole! Et tandis que l'animal reprend sa route en remuant les cornes, Ohatsu et moi échangeons un sourire complice.

Qu'il est agréable d'être un peu seule avec ma petite sœur, respirant le parfum des herbes odorantes, écoutant ensemble le chant d'amour des criquets qui frottent leurs ailes dans le cerisier au-dessus de nos têtes!

— Grande sœur?

— Oui?

— Je voudrais te demander quelque chose.

— Quoi donc?

— Dis-moi, est-ce que l'amour...

Je me mets à rire, mais devant l'attitude d'Ohatsu, je reprends mon sérieux. Comme elle est troublée rien que d'avoir prononcé le mot amour, ce mot magique! Je vois qu'Ohatsu est plus que prête pour le grand événement. Avec quelle fièvre elle l'attend!

— Crois-tu au coup de foudre? reprend-elle.

Mon Dieu, est-ce que ce serait Sam-san? C'est incroyable! Pour cacher mon embarras, je me mets à arracher quelques mauvaises herbes qui envahissent le tapis de fleurs et je laisse mes pensées suivre leur chemin. Ohatsu épouser un Américain? Pourquoi pas! Ma fragile petite sœur ne pèserait pas lourd dans ce pays prospère qui n'a jamais enduré de privations. Elle dormirait, paisible, dans les bras d'un homme qui n'a jamais connu la souffrance et jamais plus elle ne se réveillerait d'un cauchemar en criant d'horreur. Quelle sécurité ce serait de pouvoir la confier à un homme comme Sam-san! Ohatsu peut paraître sereine et intacte, je sais qu'au fond d'elle-même, elle est profondément meurtrie par des souffrances précoces.

— Est-ce que tu y crois? insiste Ohatsu.

— Au coup de foudre? Bien sûr, dis-je sans conviction.

Ce mensonge me fait mal. Non, je ne crois pas au coup de foudre! Le véritable amour est celui qui grandit lentement, comme un arbre, mais l'idée que ma petite sœur aurait pu trouver la solution à sa vie difficile me fait soupirer d'aise. Ohatsu est prompte à lire mes pensées.

— Alors, tu me laisserais épouser qui je voudrais? Tu ne me laisserais pas marier par une *nakodo?* demande- t-elle dans un souffle, en glissant ses doigts dans les miens.

Une telle marque d'affection est si rare chez ma timide Ohatsu que je me sens fondre de tendresse.

— Bien sûr, nous nous passerons d'une marieuse. Et tu épouseras qui tu voudras, petite sœur.

Aussitôt, elle se redresse d'un bond et, serrant ses mains fines sur sa poitrine, dans un geste plein de charme, elle me remercie avec passion.

— C'est promis, n'est-ce pas? Tu ne reviendras pas sur ta promesse? Tu m'as donné ta parole, s'écrie-t-elle en riant comme une petite fille naïve qu'elle est encore.

Dans le crépuscule, le soir est tombé sur notre jardin. Les blanches pensées paraissent devenues grises. Nous ramassons nos paniers et rentrons à la maison. Avant de franchir le *shojii,* Ohatsu jette un dernier regard sur son parterre de fleurs, sur ses jeunes iris blancs qui commencent à sortir la tête. Cette année, Ohatsu n'a planté que des fleurs blanches. Après les iris viendront les zinnias blancs de lait, puis les pâles asters. Enfins, les chrysanthèmes répandront la neige de leurs fleurs.

— Le blanc était sa couleur préférée. Je suis sûre qu'elle aurait aimé mes bouquets blancs, me dit Ohatsu et en disant ces mots, sa voix s'est faite plus sourde.

— Tais-toi, ma chérie.

J'entoure de mon bras les épaules de ma petite sœur qui frissonne et nous pénétrons dans la maison. Je suis inquiète. Elle vit trop dans le souvenir de son enfance, d'une enfance qu'elle n'a jamais eue. Elle a vécu les jours tragiques du bombardement atomique et cette expérience a pesé trop lourd sur elle, comme la neige accumulée fait ployer les branches fragiles d'un jeune sapin. Et ils sont nombreux à Hiroshima, ces jeunes gens qui semblent intacts mais qui portent en eux-mêmes leurs cicatrices et leurs infirmités.

— Allons regarder notre boîte aux souvenirs, grande sœur.

Je le savais. La voilà encore bouleversée. Chaque fois qu'elle pense à notre mère, elle éprouve le besoin de se replonger dans le passé et de rouvrir « notre boîte ». Cette boîte aux souvenirs est la seule consolation à ses blessures secrètes. Ohatsu s'empresse d'aller la chercher et sans même allumer la lumière, nous nous agenouillons côte à côte et l'ouvrons pieusement. Ohatsu paraît aussi excitée que si elle la voyait pour la première fois.

— Ma cloche! Regarde, dit-elle, en s'emparant du premier objet qui lui tombe sous la main.

Dans la demi-obscurité, Ohatsu agite la cloche d'argent que la sœur de maman lui avait donnée pour son troisième anniversaire. Tous les objets de la boîte sont les cadeaux que nous faisait, pour nos anniversaires, tante Matsui. Nous les laissions toujours chez elle et ainsi nous les retrouvions chaque semaine lorsque nous allions jouer dans sa maison de la banlieue d'Hiroshima. C'était une idée de ma tante, et c'est grâce à cela que nous avons pu retrouver tous ces jouets miraculeusement intacts. Chez nous tout a été réduit en cendres et dispersé au vent.

— Mon canard de verre! s'écrie Ohatsu. Oh! regarde, mes petites baguettes! Comme c'est émouvant de retrouver tout ça!

Ce que j'aime le mieux dans notre boîte, c'est un petit poupon de chiffon. Je le sors délicatement et lui arrange son kimono chiffonné. Son *obi* bleu est tout déchiré et ses *tabis* sont en loques. Comme il paraît misérable, mon pauvre poupon? Je le prends dans mes bras et le berce tendrement : pauvre vieux bonhomme, tu m'as l'air bien usé et bien maigrichon! Sais-tu que tu commences à ressembler à Fumio ou plutôt c'est Fumio qui commence à te ressembler! Quand il est allongé près de moi, dormant contre mon épaule, il paraît tout aussi misérable...

— Il a l'air bien maigre, mon poupon! Tu ne trouves pas, Ohatsu?

— Il a toujours été maigre, dit Ohatsu comme dans un rêve, en continuant à agiter sa cloche d'argent.

— Il n'a jamais été aussi maigre que maintenant. Il commence à ressembler...

Mais je m'arrête à temps. Il ne faut pas que je donne prise à mes frayeurs paniques. Il ne faut surtout pas que ma petite sœur comprenne à quel point je suis inquiète pour Fumio. Par bonheur, un bruit de pas se fait soudain entendre dans le jardin, mettant un terme à notre conversation dangereuse. La porte de bambou s'ouvre et se referme.

— *Dozo!* Est-ce que je vais avoir la chance de trouver mes amies?

Certaines voix vous font froid dans le dos; je n'ai jamais pu supporter les intonations mielleuses comme celles de cette vieille Nagaï-san qui s'introduit soudain dans notre intimité. Je la reçois cependant avec une excessive politesse. D'abord, parce qu'elle est une vieille parente, ensuite parce que sa qualité de marieuse lui confère une dignité supplémentaire, enfin parce que je ne dois pas oublier que c'est elle qui a arrangé mon mariage avec Fumio. Je me répands en formules de bienvenue pour exprimer à notre indésirable visiteuse combien nous sommes heureuses de l'accueillir.

— Mais il y a des mois que nous ne vous avons pas vue, Nagaï-san. Quelle bonne surprise! Ohatsu, apporte du thé à Nagaï-san, veux-tu? Et allume donc en passant. Dites-moi maintenant comment va votre précieuse santé, chère Nagaï-san, et quelle bonne étoile vous a amenée jusqu'à nous?

Je n'ai pas besoin d'attendre sa réponse. Comme

Ohatsu se dirige vers la cuisine, la vieille marieuse la suit des yeux, appréciant les formes de son corps, s'attardant sur sa nuque gracieuse.

— Une beauté, une grande beauté, murmure-t-elle derrière son éventail de soie en s'agenouillant auprès de moi — et je me souviens qu'elle avait déjà ce même éventail lorsqu'elle m'a parlé pour la première fois de Fumio.

— Il ne serait pas étonnant que les jeunes gens, qu'un jeune homme peut-être...

— Je crois que vous faites erreur, Nagaï-san. Il n'y a pas de jeune homme.

— Vraiment! La famille est toujours la dernière à apprendre ces choses-là. Croyez-moi, il y a toujours un jeune homme et, avec cette rage des mariages d'amour, vous trouverez un beau matin votre petit oiseau envolé.

Je me force à rire pour bien montrer à Nagaï-san que je prends ses paroles pour une plaisanterie. Mais, au même moment, je me rappelle qu'Ohatsu m'a demandé tout àl'heure la permission d'épouser un homme de son choix. Mon Dieu, est-ce que cette vieille sorcière aurait flairé quelque chose? « Garde-toi des femmes au long nez », me disait ma tante Matsui et justement Nagaï-san, comme toutes les marieuses, a un nez très long...

Elle vient se mettre à genoux tout contre moi et elle me souffle derrière son éventail :

— Pour vous dire toute la vérité, ma chérie, je suis venue aujourd'hui vous parler d'Ohatsu. Il faut la marier, il n'y a plus une minute à perdre. A un homme convenable, bien sûr. Je connais justement un homme distingué, très distingué...

— Et vos rhumatismes, Nagaï-san? dis-je brusquement.

— Vous voulez dire mon lumbago.

Nagaï-san paraît offensée :

— C'est bien pire qu'un rhumatisme. Enfin, j'ai déjà

dit quelques mots à cet homme, au sujet d'Ohatsu, et...

— C'est vraiment trop gentil de votre part de vous donner tant de mal pour nous, Nagaï-san. Avec votre lumbago et tout, vous ne devriez pas travailler autant. Je vous en prie, ne vous mettez pas en peine pour ma petite sœur.

Mais je sais qu'elle ne renoncera pas pour autant à sa démarche car elle doit bien compter sur les remerciements en espèces de cet homme si distingué.

Ses yeux avides s'assombrissent et sa voix se fait plus mielleuse pour m'assurer qu'elle ne fait que son devoir.

— Je vous ai bien mariée, n'est-ce pas, ma chérie? Vous n'aviez que seize ans. J'en ferai autant pour votre jeune sœur. Mais il n'y a plus de temps à perdre. Voyez-vous, ce monsieur dont je vous ai parlé est assez pressé. Il est, voyez-vous... il n'est plus dans sa première jeunesse, c'est le moins qu'on puisse dire, et vraiment, il ne peut pas attendre très longtemps.

A ce moment, nous entendons dans la cuisine un bruit de tasse qui se brise et nous savons bien, l'une et l'autre, quelle main rageuse a dû la lancer contre le mur. Pourvu que la *nakodo* ne le prenne pas mal. Ce serait un désastre. Il ne faut pas laisser le poison de cette vieille marieuse s'infiltrer dans notre bonheur.

— Excusez-moi un moment, honorée Nagaï-san, dis-je rapidement.

Je me précipite à la cuisine. Aucune trace d'Ohatsu. Ce n'est pas la première fois qu'elle s'enfuit. Chaque fois qu'elle s'est sentie outragée, elle s'est sauvée ainsi et chaque fois j'ai tremblé de peur. Est-elle partie en courant à travers les rues noires, les mains serrées contre sa poitrine? Est-elle partie pleurer au bord de cette rivière, où maman, ce matin-là... Oh! mon Dieu, quel vent de folie souffle dans sa jeune tête?...

— Yuka!

La voix de la marieuse m'appelle :

— Je n'ai que quelques instants... chère enfant, que faites-vous?

— Je viens, Nagaï-san.

Je prépare rapidement un plateau avec des rafraîchissements et l'apporte. Je m'efforce de paraître naturelle et m'incline.

— Ohatsu a dû partir précipitamment. La petite fille de notre voisin vient de tomber... de tomber dans le bassin. (Quel mensonge stupide!) Voulez-vous une tasse de thé vert, Nagaï-san? Voulez-vous que j'aille vous acheter quelque *suchi* chez le poissonnier en face?

— Un peu de thé seulement. Je suis venue à tout hasard, mais je reviendrai une autre fois. Ah! chère enfant, nous autres, entremetteuses, devons faire preuve de persévérance sans fin. La patience pour ainsi dire est notre capital.

— Un gâteau, murmuré-je, *Dozo,* Nagaï-san.

Après cela, pendant un temps qui me paraît une éternité, nous restons agenouillées l'une en face de l'autre sur le *tatami,* buvant à petites gorgées notre thé, échangeant de banales politesses sur la famille et sur les connaissances. Une heure se passe ainsi. C'est la durée protocolaire d'une visite. Quand enfin la théière se trouve vide entre nous, nous nous inclinons si bas l'une devant l'autre, que nos têtes s'entrechoquent comme deux œufs durs. Nous nous redressons rapidement et la vieille *nakodo* se traîne de sa démarche de pigeon jusqu'au *shojii,* en agitant devant son visage fermé son éventail de soie.

— Nous parlions tout à l'heure de ces hommes d'un certain âge pour qui il est urgent de se marier mais, d'une certaine façon, on pourrait en dire autant de la belle Ohatsu, siffle-t-elle entre ses dents. Mais oui, ma chère enfant, il faut voir les choses en face. Votre jeune sœur est séduisante aujourd'hui, mais demain? De plus, il y a la question des enfants. Quelle sorte d'enfants la belle

Ohatsu mettra-t-elle au monde? Hein? On parle tant à Hiroshima aujourd'hui de ces étranges créatures mises au monde par les rescapés de la bombe atomique. Je sais bien que tout cela est très triste, chère enfant, mais c'est pour vous mettre en garde, pour vous dire qu'il n'y a pas de temps à perdre, pas une minute à perdre. Vous savez bien aussi qu'aucune famille n'acceptera pour belle-fille une survivante d'Hiroshima. Pourtant ce monsieur si distingué dont je vous ai parlé...

— *Sayonara! Arigato — Gozai mashita.*

— *Sayonara! Yoku irashite Kudasaï mashita.*

Nous nous sourions hypocritement l'une à l'autre; nous nous inclinons profondément, prenant garde cette fois à ne pas nous cogner la tête. En se redressant, la marieuse me lance un regard glacial et se passe la langue sur les lèvres avec satisfaction. Elle sait qu'elle a marqué un point. Elle a vu dans mes yeux la frayeur inavouée qui demeure au cœur de chaque survivant d'Hiroshima. Comment oublier qu'il y a quinze ans, nous avons été, Ohatsu et moi, traversées jusqu'aux os par les radiations atomiques. Nous sommes des enfants de la bombe et nos enfants sont aussi les enfants de la bombe. Nous sommes marqués pour des générations. Est-ce que la belle Ohatsu est vraiment condamnée, comme plus tard ma petite Michiko, comme mon gros Tadeo, un jour à ne donner naissance qu'à des monstres?...

— *Arigo — Gozai mashita,* honorée Nagaï-san, murmuré-je tremblante.

Mais la vieille *nakodo* a déjà disparu dans le jardin tout noir, emportant avec elle toute la paix de mon cœur.

9

Après un long hiver, quelle joie de s'asseoir sous un cerisier en fleurs! Les bourgeons éclatent sous le soleil, les premières pousses d'herbe sortent du sol. Mon fils Tadeo en arrache quelques brins et les mange. Le ciel tremble de chaleur.

Par ce beau jour de vacances, nous avons étendu sur le sol, comme tout le monde, notre natte de paille et je me mets à jouer du *samisen,* ma petite famille agenouillée autour de moi.

Rien ne me rend plus heureuse que de chanter ainsi avec mon *samisen.* Je chante ce qui me passe par la tête, comme les oiseaux je suppose. Sur quelques notes très simples, j'évoque la chute d'un pétale, à l'heure où se fanent les fleurs.

— Pourquoi ne chantes-tu pas avec moi, petite sœur? Allons, chante!

— Comme tu voudras, grande sœur, répond Ohatsu en anglais.

Elle chante, mais son esprit est ailleurs, perdu dans ses pensées. Qu'est-ce qui la préoccupe tant? Elle s'arrête brusquement au milieu de sa chanson.

— N'oublie pas que nous avons rendez-vous avec Maeda-san à la maison de thé, murmure-t-elle. Il est presque 4 heures.

Ciel! voilà qu'Ohatsu se préoccupe de l'heure à présent! Il doit se passer quelque chose. Pourquoi aussi décourage-t-elle ce pauvre Sam-sam qui fait de tels efforts pour bavarder avec elle?

— Qui veut du saké? m'écriai-je avec brusquerie.

— Tout le monde, je parie, dit l'Américain en riant. Le saké, c'est sacré!

Ah! si l'Amérique parachutait chez nous quelques milliers de jeunes gens comme Sam-san, pleins d'humour et de fantaisie, au lieu de ces militaires balourds, nous adorerions les Américains. Quelle joie prend-il à cette petite sortie familiale! Nous avons si peu de vacances, nous autres Japonais, que nous savourons nos rares jours de congé avec une gourmandise d'enfant. Notre pensionnaire se met à l'unisson. Il verse le saké, chante joyeusement et fait des plaisanteries faciles.

Même pendant le voyage, il était enchanté et pourtant quel affreux voyage : on s'écrasait sur le ferryboat de l'île Miyajima et c'est tout juste si l'on n'a pas sombré à la mer.

Pour l'instant, il regarde autour de lui ces groupes de gens en congé, agenouillés sur leurs nattes de paille. Les hommes d'affaires ont amené leurs employés au teint pâle boire le saké à la campagne et les industriels ont convié leurs ouvriers à venir partager le poisson cru sous les cerisiers. Heureux d'échapper pour un jour à leurs responsabilités, les jeunes gens se laissent aller à boire et mes « bébés-san », comme les appelle Sam-san, Michiko et Tadeo, gambadent et dansent un ballet de leur invention. Ils portent les kimonos neufs que leur a offerts Maeda-san, décorés de petits volcans qui fument joyeusement. Tout le monde les applaudit.

— Maintenant, tu chantes une chanson, Yuka-san, implore mon mari.

Il a meilleure mine au soleil, et je suis rassurée, certaine que ce chaud printemps va lui redonner la santé. Je lui souris et je commence à chanter un *tanka* en son honneur :

Le cri d'une hirondelle dans le ciel
L'éclat d'un cerisier dans le soleil
Feront éclore notre bonheur.

Lorsque j'ai fini, nous restons silencieux, parfaitement heureux. Même Sam-san ne dit plus rien. Son regard s'attarde sur Ohatsu dont la beauté resplendit en ce beau jour de mai. Mais soudain, elle saute sur ses pieds.

— Il est 4 heures, Yuka-san ! s'écrie Ohatsu. (L'impatience durcit sa voix pourtant si douce.) 4 heures passées !

Elle me prend par la main et m'oblige à me lever. Elle rit bruyamment comme une petite fille excitée, en m'entraînant à travers le gazon. Son visage rayonne d'une telle gaieté que les gens s'arrêtent et sourient sur notre passage. Mais, comme toujours, elle ne tient aucun compte de l'admiration qu'elle suscite.

— Le voilà, le voilà, s'écrie-t-elle, en s'arrêtant brusquement.

— Maeda-san ?

— Mais non, mon ami, l'ami dont je t'ai parlé hier...

Une foule bruyante et jacassante — honorables vieillards, étudiants, jeunes enfants accrochés aux bras de leurs parents — se presse devant l'entrée des maisons de thé. Ohatsu a les yeux fixés sur le *Dragon Rouge* où nous devons rencontrer notre ami Maeda-san.

— C'est lui, Hiroo ! Sur les marches, avec un kimono vert foncé.

Je sens ses doigts tremblants se glisser dans ma main et, dans un flot de paroles, elle me confie qu'elle est tombée amoureuse « jusqu'à la fin des temps », comme l'Ohatsu de la légende. Comme c'est troublant ! L'amoureux d'Ohatsu ne ressemble-t-il pas étrangement au héros légendaire tel qu'il est représenté sur les anciennes peintures japonaises ?

— Il est beau, n'est-ce pas, grande sœur? me demande Ohatsu en lisant l'admiration dans mes yeux.

Beau? C'est un jeune Dieu. Je reste sans voix.

Je devrais dire quelque chose. Je ne sais rien de ce jeune homme et je devrais mettre en garde Ohatsu. Mais mon Dieu, c'est si merveilleux, un grand amour!

En deux mots, Ohatsu m'explique qu'il est peintre, élève de Maeda-san chez qui elle l'a connu. Comme la peinture se vend mal, il s'est mis à gagner sa vie comme photographe de presse.

— Enfin, pourquoi me racontes-tu tout ça? lui demandé-je en m'efforçant à un ton aussi naturel que possible.

— Il veut m'épouser.

Ohatsu semble en extase. Au-dessus de nos têtes, un cerisier en fleurs répand un nuage de pétales blancs. Mon cœur se serre. Ma petite sœur! Elle paraît aussi fragile que ces fleurs blanches dont la vie sur la terre est déjà terminée. Pourtant, elle a survécu au plus grand massacre que l'humanité ait jamais connu. Son corps diaphane a échappé à l'incendie d'Hiroshima sur cette berge du fleuve où s'est engloutie notre mère.

— Ohatsu... dis-je d'une voix qui se voudrait ferme mais qu'altère l'émotion.

— Tu m'as promis, grande sœur! Tu ne peux pas revenir sur ta parole. Tu m'as bien dit que je pourrais épouser qui je voudrais.

Que dire? Que faire? Comment savoir? Ce charmant jeune homme nous a déjà aperçues et il accourt vers ma petite sœur, porté sur les ailes de l'amour, comme disent si joliment les Occidentaux.

Avant même d'avoir eu le temps de me composer une attitude, Ohatsu nous a présentés. Hiroo Shimizu et moi échangeons force courbettes et sourires. C'est ce moment critique que choisit ma famille pour surgir.

— Ah, vous voilà! dis-je en m'efforçant de rester impassible.

Ma tante Matsui disait que le sang-froid est la plus grande des vertus. Qui perd contenance, perd la partie. Pourtant, je me sens rougir jusqu'à la racine des cheveux en présentant à Sam-san et à mon mari l'amoureux d'Ohatsu.

— Shimizu-san est un grand ami d'Ohatsu, dis-je et je vois la figure de Sam-san s'allonger.

Moi aussi, je change de visage lorsque je comprends que tous mes projets d'avenir pour Ohatsu s'effondrent comme une case de bambou sous un typhon. Dans les yeux de Sam-san je vois que la soudaine apparition de ce jeune ami d'Ohatsu a été pour lui une surprise plus que désagréable. Il est tellement évident, pour chacun d'entre nous, qu'Ohatsu est follement amoureuse de ce jeune Dieu! En un éclair, je me rends compte que Sam-san, dès le premier jour, n'avait aucune chance avec ma petite sœur.

— Eh bien, nous vous attendons, mes chers amis, s'écrie Maeda-san qui descend les larges marches de la maison de thé en faisant claquer joyeusement ses *getas*.

— Quelle bonne soirée nous allons passer tous ensemble sous les cerisiers en fleurs! s'écrie-t-il avec une telle chaleur que même sa voix rauque paraît agréable.

Avec son flair naturel, il a tout de suite compris la situation : devant l'amour si évident des deux jeunes gens, Sam-san s'est brusquement assombri. Alors Maeda-san, prenant à son revers une fleur de cerisier, la lui tend avec son incomparable sourire.

— Je suis si heureux que vous ayez pu vous joindre à nous, dit-il en passant la fleur dans la boutonnière de Sam-san. La fête en sera d'autant plus réussie.

Oui, profitons de ce jour de fête. C'est une aubaine. Assis dans le cadre agréable de la maison de thé, écoutant la mélodie du *samisen,* nous dégustons cette nourriture raffinée, si bien présentée que je voudrais faire un dessin de chaque plat pour tout expliquer à Harada-san et aux pauvres gens de ma rue. Ces yeux de poisson, par exemple, servis sur un lit d'algues marines, ces croustillants beignets d'abeilles, piqués sur d'élégants bâtonnets ; comme cela nous change de notre menu quotidien et comme il y a loin entre cette cuisine de luxe et ces éternelles platées de riz dont se nourrit la pauvre Harada-san !

— *Banzai, Banzai !*

— A votre santé, Sam-san, dis-je joyeusement.

Ces toasts répétés ont fini par nous émécher quelque peu et le visage de Sam-san est cramoisi. Mais sa bonne humeur s'est envolée et il continue à remplir son verre tout en jetant de sombres regards à Ohatsu et Hiroo agenouillés côte à côte à un bout de la table.

— Servez-vous bien, Sam-san. Prenez donc de ces yeux de poisson ! Ils sont excellents.

— Merci, je n'ai pas faim.

Il est évident que Sam-san est jaloux non de l'amour d'Ohatsu pour Hiroo, mais du bonheur qu'ils connaissent l'un par l'autre. Mais qu'est-ce qui se passe ? De violents applaudissements jaillissent à l'autre bout de la table. C'est le commencement des jeux. Une partie de base-ball s'organise au fond de l'immense salle. Évidemment, il ne s'agit pas d'une vraie partie et il n'y a pas de balle, pas plus que de bâton. Mais ce sont tous les invités de Maeda-san qui se mettent à mimer les gestes du base-ball : ils lancent leur bras comme pour frapper d'un bâton imaginaire une balle non moins imaginaire qui vole à travers la salle et que chacun s'efforce d'attraper. C'est un extraordinaire ballet.

Je me hâte de rejoindre le jeu avec Maeda-san et ses amis. Comme on s'amuse ! Deux *geishas*, louées pour la circonstance, jouent du *samisen* et nous nous mettons tous à chanter, en imitant les gestes des joueurs de base-ball.

Après cela, nous jouons au « train » qui est mon jeu favori : à la queue leu leu, nous tenant par les épaules, nous tournons à petits pas, tout autour de la pièce en faisant : tcheu-tcheu! tcheu-tcheu!

Sam-san est resté seul dans son coin et j'accours vers lui. Je lui remplis sa tasse de saké et le supplie de se joindre à nous.

— Venez donc jouer au petit train, Sam-san!

— Vous êtes une enfant, Yuka-san! Tous les Japonais sont des enfants!

Mais je l'entraîne en riant à l'autre bout de la pièce où se prépare un nouveau jeu : c'est le jeu de la sorcière, du chasseur et de l'ours que l'on joue dans toutes les maisons de thé du Japon. Deux joueurs, cachés l'un de l'autre par un haut paravent, miment, à leur choix, une vieille sorcière reconnaissable à sa bosse, ou un chasseur avec son fusil à l'affût de sa proie, ou un ours marchant à quatre pattes.

— Le public, expliquai-je à Sam-san, peut voir en même temps les deux joueurs. Il sait donc à l'avance qui va gagner. Mais les joueurs, eux, ne le savent que lorsqu'ils se rencontrent au bout du paravent. Vous avez... « pigé »?

— Je dois être complètement bouché, mais...

— Ce n'est pourtant pas compliqué! Le chasseur peut tuer l'ours qui peut manger la sorcière qui peut ensorceler le chasseur qui peut tuer l'ours qui..., etc. C'est très amusant, Sam-san. Vous allez bien rire.

— Vraiment?

L'Américain ne paraît pas convaincu mais, pour le décider, Fumio et moi lui faisons une démonstration. Nous prenons nos places de chaque côté du paravent. Je choisis de jouer le chasseur et je m'avance en tremblant jusqu'à l'extrémité du rideau, brandissant devant moi un fusil imaginaire. Je trouve alors Fumio qui m'attend, brusquement bossu comme une affreuse sorcière. Il me jette un sort, et tout le monde de s'esclaffer. Fumio est un merveilleux acteur. Comme il aime le jeu ! Comme il aime la vie !

Pour la deuxième manche, je décide de jouer à mon tour la sorcière et je traverse à petits pas la scène, appuyé sur un bâton imaginaire. C'est encore Fumio qui gagne. Il arrive à quatre pattes, secouant sa grosse tête d'ours, et grognant comme pour me dévorer. Tout le monde éclate de rire en voyant cet ours terrifiant s'écrouler soudain et se coucher sur le côté — tout le monde sauf moi, car j'ai vu quelle expression prenait le visage de Fumio. Je sais maintenant qu'il ne joue plus.

Je tombe à genoux auprès de mon pauvre mari qui me lance un regard désespéré. Son visage est inondé de sueur.

— Je ne peux plus me lever, murmure-t-il dans un souffle.

Je suis sur le point d'appeler à l'aide, mais Fumio m'en empêche en s'agrippant à moi.

— Non, ne dis rien. Il ne faut pas gâcher la soirée. Yuka, ça y est : c'est la « maladie ».

La voix de Fumio faiblit et je me rends compte qu'il s'est évanoui.

Une fois encore, je suis sur le point d'appeler mais je retiens le cri qui me serre la gorge. Fumio a raison, il a toujours raison. Il serait inconvenant de gâcher la soirée de nos amis qui ont si peu l'occasion de se divertir. Agenouillée près du corps étendu de mon mari, je m'incline profondément vers l'assistance.

— Excusez-nous, s'il vous plaît, dis-je en m'efforçant de sourire. C'est un petit accident. Ce n'est rien de grave. Excusez-nous... Excusez-nous... *Dozo !*

10

Tout coûte vraiment trop cher dans cette boutique de l'hôpital! Même les pommes, même ce peigne de poche en celluloïd dont je viens de demander le prix. Je ne cesse de demander à la vendeuse : « Combien? » qu'il s'agisse d'un paquet de caramels, d'un éventail en papier ou d'un jeu de *go,* et je me rends compte tout à coup que cette simple question : *Iruka desuka?* deviendra une obsession quotidienne. J'ai toujours été pauvre mais, avec Fumio malade, je serai dénuée de tout et à cette pensée je me sens défaillir. Je n'aime pas les gens qui demandent trop à la vie, mais de là à ne pas pouvoir s'acheter même une pomme, comme Harada-san, il y a un pas difficile à franchir.

— « Marilyn Monroe », me dit la vendeuse au visage gris en me tendant un éventail. C'est son portrait qui est à côté du Mont Fuji. Comme il est déchiré, je peux vous le laisser à moitié prix.

Ses narines frémissent comme si une infecte odeur de hareng empuantissait l'atmosphère. Sans doute, est-ce le relent des désinfectants qu'elle respire toute la journée, qui lui donne ce tic. Un hôpital a sa propre odeur, et je décide en mon for intérieur d'accepter cette odeur qui fera désormais partie de ma vie. N'est-ce pas mieux d'accepter sans renâcler ce que la vie vous réserve, plutôt que de se cabrer?

— Je n'ai pas l'intention d'acheter aujourd'hui. Je regardais simplement en passant, dis-je à la vendeuse. Mon mari...

Mais à la pensée de Fumio étendu et souffrant, le couloir se met à osciller. Je me retiens au comptoir et j'entends la vendeuse me demander dans quel service se trouve mon mari.

— Dans la section des radiations, lui dis-je.

Alors son attitude change miraculeusement. Elle me tend simplement sa belle pomme rouge.

— Prenez-la, je vous la donne. Toute ma famille a été brûlée par la bombe. Pardonnez-moi d'en parler, ajoute-t-elle humblement.

Nous nous inclinons l'une vers l'autre et jamais je n'oublierai son visage souriant, ravagé de cicatrices.

Un autre client se présente et elle me fait signe d'attendre un instant, car elle veut encore envelopper la pomme de Fumio dans un beau papier.

— Merci, lui dis-je, bouleversée par son attention.

Je m'appuie contre le mur et pense à Fumio. Juste au-dessus de ma tête, dans son lit, il se débat contre la mort. Son sang, son foie, sa rate luttent avec le mal qui les ronge et Fumio reste là, les yeux fixés sur un petit écureuil perché sur le rebord de sa fenêtre. Lorsque je l'ai quitté, il y a un moment, ses cinq compagnons de chambre s'émerveillaient comme lui des ébats du charmant animal. Cela se comprend. Depuis quinze ans, la mort est tapie dans le corps de ces jeunes hommes, et voilà l'heure de son triomphe.

Pendant ce temps, un petit écureuil...

Je ferme les yeux — la vendeuse est toujours occupée — et je me laisse aller contre le mur. J'ai passé la nuit entière, agenouillée auprès du lit de Fumio et je n'ai pas fermé l'œil. Mais si je suis à ce point épuisée, c'est aussi que j'ai retourné toute la nuit dans ma tête des pensées trop lourdes pour moi.

Par exemple, je me redisais sans cesse que si Fumio n'avait pas eu une permission justement le 6 août 1945, il ne se serait pas trouvé à Hiroshima. Et s'il ne s'était pas trouvé à Hiroshima, il n'aurait pas pu rechercher mon corps parmi les monceaux de cadavres accumulés et il n'aurait pas été atteint par les mortelles radiations qui s'en dégageaient. Il serait sain et sauf maintenant et il nous bâtirait, à tous les quatre, un avenir heureux. Hélas, la maladie en a décidé autrement et elle l'entraîne maintenant vers la mort.

— Vous dormez debout, Yuka-san.

Les cheveux en désordre, le regard anxieux, le grand Américain a surgi devant moi.

— Sam-san, m'écriai-je en passant une main rapide sur mon visage défait, vous êtes venu voir Fumio ! Il dort, vous savez. Je suis désolée, mais personne ne peut entrer.

— Grand Dieu, Yuka-san, vous ne m'aviez pas dit que Fumio avait cette « maladie »-là !

L'Américain semble bouleversé. Il ne comprend que maintenant ce qui est arrivé à Fumio hier soir et, comme d'habitude, il est incapable de cacher ses sentiments. Devant sa détresse, je perds mon sang-froid et les larmes me montent aux yeux.

Par bonheur, ma nouvelle amie vient à mon secours. Elle a fait un joli paquet avec la pomme de Fumio et elle me la tend avec un merveilleux sourire. Je suis fascinée par la sérénité de son visage et je la regarde comme une jeune actrice regarderait une grande vedette de qui elle aurait tout à apprendre. Je m'incline silencieusement pour la remercier du fond de mon cœur.

— Écoutez, Sam-san, il vaudrait mieux que vous rentriez à la maison. Fumio ne peut pas recevoir de visite.

Ma voix a retrouvé tout son calme et je m'en félicite. Pourtant, ce que j'ai dit n'est pas la vérité, mais je veux empêcher Sam-san de voir Fumio et ses compagnons de chambre. J'ai renoncé à lui cacher certaines choses mais j'ai trop d'amitié pour lui maintenant pour le mettre, sans nécessité, en face de telles horreurs. Sam-san est encore un homme libre, mais s'il venait à être touché par la pitié — et la véritable pitié est toujours agissante — c'en serait fait de sa liberté. Je veux qu'il reste en dehors de la tragédie d'Hiroshima.

Tout se serait passé selon mon idée si le Dr Domoto n'était pas survenu inopinément. Mais ce charmant docteur, à peine m'a-t-il aperçue, se précipite vers moi et m'attrape par le bras.

— Ah, Nakamura-san, s'écrie-t-il, les yeux pétillants d'intelligence derrière ses verres épais, je suis visitant votre mari.

Et, comble de malchance, il a cru bon de s'exprimer dans son mauvais anglais. Je lui présente Sam-san et, bien entendu, il se produit ce que je redoutais le plus : le docteur, fier du nouveau bâtiment où il traite les victimes des radiations, invite Sam-san à nous accompagner. Le sort en est jeté. Je monte silencieusement derrière les deux hommes.

A peine le Dr Domoto a-t-il ouvert la porte de la chambre, que Sam-san m'adresse un regard plein de reproches : « Voilà donc le secret que vous vouliez me cacher, Yuka-san, semblent me dire ses yeux. Ne suis-je donc pas votre ami? »

Le docteur ne s'attarde pas auprès de mon mari. Il passe déjà au lit suivant. Quant à Fumio, il ne s'intéresse vraiment qu'à son écureuil.

— Tu as vu? Il est en train de bâtir son nid dans l'arbre, juste devant ma fenêtre.

— Vraiment, mon chéri?

Ses mains, que je connais intimement, que je respecte et honore, reposent sur la couverture, monstrueusement déformées par les boursouflures. En si peu de temps, elles me sont devenues étrangères et, pour les soustraire au regard de cet Américain silencieux, je les couvre tendrement des miennes.

L'écureuil est rentré dans son trou et l'on ne voit plus que sa queue empanachée qui frétille.

— Sa femme doit être en train de couver. Tu ne crois pas, Fumio ?

J'ai réussi à faire sourire mon pauvre mari.

— Bien sûr. J'espère que les œufs vont bientôt éclore !

Sa voix n'est plus qu'un murmure rauque et ses traits sont tirés par la souffrance. Et pourtant mon héroïque Fumio a encore le courage de trouver du plaisir à la vue d'un écureuil.

Mais cette plaisanterie sur les œufs d'écureuil est répétée de lit en lit et des sourires éclairent ces visages défigurés. Il y a là un jeune garçon aux mains tordues dont les doigts, depuis quinze ans, sont enchevêtrés comme des racines calcinées.

— Oui, s'écrie-t-il tout excité, il y aura bientôt beaucoup de petits, nous en sommes sûrs.

Et devant sa joie enfantine, les visages meurtris des autres malades s'éclairent d'un pâle sourire.

— L'homme, là dans le lit, vingtième opération, explique le docteur à Sam-san. Ce garçon, un tiers du corps couvert avec chéloïdes cicatrices. Ah ! l'anglais ! je ne peux pas parler ! s'écrie le docteur qui se lance dans une grande explication en japonais en me priant de faire l'interprète.

Sans lâcher les doigts fiévreux de Fumio, les yeux toujours fixés sur le cerisier en fleurs, je traduis lentement.

— Le docteur dit que les victimes de la bombe atomique souffrent à la fois de lésions internes et externes. Des opérations répétées peuvent quelquefois supprimer les chéloïdes et les autres cicatrices. Mais pour les lésions internes, il n'y a pas de remèdes.

Sam-san observe avec attention les hideuses plaques de chair boursouflée qui couvrent la poitrine et les épaules du jeune homme. Peut-être en cet instant pense-t-il à son père qui était médecin et peut-être regrette-t-il une fois de plus de n'avoir pas suivi la même voie. Peut-être n'est-il pas trop tard.

— Le garçon dans le lit, contraction des paupières à cause de le souffle atomique, continue le Dr Domoto, en anglais. Quinze ans, il dort avec les yeux ouverts, ou ne dort pas. Deux oreilles parties. La bouche — enfin vous voyez quoi est arrivé à la bouche...

Il explique chaque cas scientifiquement, rejetant parfois les draps pour montrer à son visiteur quelque nouvelle horreur.

En écoutant parler ainsi le docteur, je me demande ce que peuvent bien penser « les cas » en question. Par bonheur, ils ne comprennent pas l'anglais. Et quand bien même ils le comprendraient, je ne pense pas que cela les intéresserait tellement d'apprendre pourquoi ils sont condamnés à mort.

Pour l'instant, ils suivent avidement des yeux le manège de ce petit écureuil sur son arbre et peut-être cherchent-ils ainsi la réponse au plus grand des mystères, le mystère de la vie. Peut-être aussi se demandent-ils pourquoi l'homme, incapable de créer un poil de la queue de cet écureuil, en est venu à mettre tout son savoir au service de l'extermination des êtres vivants.

Une main amicale se pose sur mon épaule : c'est le docteur qui veut s'entretenir un moment avec Fumio. Je lui laisse ma place auprès de mon mari et je rejoins Sam-san, immobile au pied du lit.

Que lui est-il arrivé? Je ne reconnais plus son regard. Ce n'est plus celui d'un spectateur étranger : il est maintenant sur la scène. Depuis qu'il est entré dans cette chambre d'hôpital, il participe à notre tragédie, à notre vie. Oh! bien sûr, Sam-san savait ce qui s'est passé à

Hiroshima ce matin d'août 1945 mais il ne s'était jamais trouvé en face d'hommes retranchés du monde, lentement condamnés à une mort mystérieuse sous les yeux de médecins impuissants. Il ne lui serait plus possible de les regarder mourir sans souffrir avec eux, sans essayer de les aider.

— Est-ce que... est-ce que je peux faire quelque chose pour Fumio? demande-t-il d'une voix blanche.

Son intonation est si grave que Fumio, étonné, tourne son regard vers lui et lui sourit.

— Demande-lui d'acheter des noisettes pour l'écureuil, dit-il.

Pour le coup, Sam-san reste interdit comme s'il venait de recevoir une gifle en pleine figure.

— Des noisettes! c'est tout ce que je peux faire... Des noisettes!

Sam-san recule lentement jusqu'à la porte. Avant de l'ouvrir, il regarde encore une fois la chambre, ses regards se posent sur chacun des six lits, comme pour en mesurer tout le poids de souffrance. Alors une bouffée de sang lui monte au visage. Il fait un dérisoire petit salut et s'enfuit de la chambre.

11

J'aime le petit matin. Le jour appartient à tout le monde, mais l'aube n'appartient qu'à soi. Ma fille Michiko est comme moi : elle aime cette heure secrète du petit matin, peut-être parce qu'elle est une enfant de l'aube, venue au monde avec le jour. Chaque matin, avant que la lumière rouge du soleil n'envahisse le ciel, Michiko se glisse dans le jardin, heureuse de se savoir seule, à l'insu de tous. A son âge, je faisais la même chose, j'avais avec moi-même un rendez-vous secret où je me rendais sur la pointe des pieds, le cœur battant, comme à un rendez-vous d'amour.

— Maman...

Chaque matin, je l'entends murmurer ce « maman », mais je continue à feindre le plus parfait sommeil. Je suis sûre que maman déjà faisait de même, lorsque, autrefois, je l'appelais doucement avant de me glisser dans le jardin. Maman, chère maman si attentive...

J'entends glisser le *shojii,* j'ouvre les yeux et j'aperçois, dans le jardin, une petite silhouette en *yukata* bleu qui court pieds nus sur l'herbe. Encore tout ensommeillée, je reste sous mes couvertures aussi immobile qu'une poupée de chiffon. Je me tourne vers Fumio. Sa place est vide. Quel affreux réveil! J'enfile mon *yukata* et traverse silencieusement la pièce pour ne pas éveiller mon gros garçon qui dort et rit dans son sommeil. Je me dépêche d'allumer le feu. Un bol de thé bien chaud me réconfortera après cette nuit solitaire. A son tour, voilà que mon bouvreuil s'est réveillé. Sa cage est encore recouverte de sa housse, mais je l'entends s'ébrouer là-dessous et battre des ailes. Je soulève un peu l'étoffe et aussitôt mon oiseau ouvre son bec jaune. S'il se met à gazouiller, il va réveiller mon Tadeo. Mais comment empêcher un oiseau de chanter!

Dans la cuisine, j'entends l'eau du thé qui commence à chanter. Je le connais bien, le sifflement de ma vieille bouilloire. Le sifflement, c'est le langage des bouilloires, disait toujours Fumio. « Disait! » Mon Dieu, comment ai-je pu penser cela! Oh! Fumio!

Je retire l'eau du feu et me prépare un bol de thé que je bois à petites gorgées. Par la porte entrouverte, j'aperçois Michiko accroupie au bord de l'étang. Elle reste là, sans bouger, fascinée par les bourgeons de lotus endormis à la surface de l'eau. Mon cœur se met à battre plus vite. Ah! Michiko, comme nous nous ressemblons! Toi aussi, tu frémis devant la naissance des choses! Dans le matin paisible, elle concentre toute son attention de petite fille sur ces boutons de lotus prêts à éclore, guettant le bruit mystérieux des pétales qui se déploient. Avec émotion, je crois encore entendre moi aussi leur éclatement familier, tantôt sec, tantôt doux comme un baiser. Tout d'un coup, je vois ma fille sourire. Un air de profond contentement éclaire son visage tout rond et je comprends que Michiko vient d'être témoin d'un miracle — la naissance d'une fleur de printemps à la naissance du jour!

— Attrape, Michiko!

Un ballon vert traverse le jardin et il ne m'est pas difficile de deviner qui l'a lancé. Notre jeune locataire m'est devenu si familier qu'avant même de le voir sortir de la maison, j'imagine déjà sa silhouette dégingandée dans le *yukata* trop court que je lui ai prêté.

— Tu cherches des grenouilles, Michiko? lui demande Sam-san.

Michiko fronce les sourcils. Elle bute sur les mots anglais, mais elle finit par secouer longuement la tête et je sais qu'elle ne dira jamais à personne ce qu'elle a vu, ce matin-là, à la surface de l'étang. Jusqu'à la fin de ses jours, elle gardera son secret bien à l'abri derrière son étrange petit sourire.

D'un mouvement vif, elle se redresse, puis s'incline cérémonieusement devant Sam-san. Son regard est grave et comme elle est charmante ainsi, courbée par le cérémonial des salutations! Soudain, je me sens envahie par cet étrange sentiment de culpabilité que j'éprouve de temps à autre, à l'idée de l'amour excessif que je porte à ma famille. Mais pourquoi serais-je honteuse d'un sentiment aussi naturel? En quoi suis-je fautive?

Comme pour répondre à mon inquiétude, trois silhouettes passent comme des ombres devant notre porte. C'est Harada-san et ses deux amies qui s'acheminent vers leur journée de travail. Elles cassent des pierres sur une nouvelle route à quelques kilomètres de la ville. Ah! oui, je comprends bien pourquoi je me sens coupable. J'ai donné tout mon temps à ma petite famille et j'ai négligé mes vieux amis, oubliant que le premier devoir pour nous, survivants de la bombe, c'est d'abord de nous aider les uns les autres. Il n'y a pas si longtemps encore, j'allais les voir, les aider de mon mieux. Maintenant, je suis comme une pierre, recouverte de mousse, confinée dans mon égoïsme.

— *Konichiva,* Harada-san!

Michiko, toujours auprès de l'étang, s'incline devant mes trois voisines qui lui retournent gravement son salut. Elles aperçoivent alors l'Américain et le saluent également. Le jeune étranger, à son tour, s'incline devant ces trois vieilles femmes en pantalon de travail graisseux et ce geste de courtoisie japonaise, j'ai le sentiment qu'il n'aurait pas pu l'accomplir avec une telle sincérité, il y a seulement huit jours. Il est évident qu'il s'est passé quelque chose dans l'esprit de Sam-san. Il n'est plus le même qu'à son arrivée. Debout près de l'étang, il regarde s'éloigner les trois victimes de la bombe et soudain il se retourne et tend les bras à Michiko. Ma fille court vers lui, et Sam-san la presse contre son cœur. Le sentiment qui l'anime est, sans nul doute, le désir de protéger cette enfant du destin qui s'est abattu sur Harada-san et ses compagnes, qui nous a tous frappés à Hiroshima. Son expression grave me surprend. Pourtant n'avais-je pas deviné que derrière cette gaminerie d'Américain, derrière ces incessantes plaisanteries, se cachait un autre Sam-san qui attendait l'occasion de se révéler?

D'un seul coup, tous les toits de la rue, toutes les branches de notre cerisier, resplendissent dans le soleil. Le soleil! le soleil! J'ouvre tout grand le *shojii* pour courir dans le soleil du matin, quand une pensée me fige sur place. Devant la fenêtre de Fumio, le cerisier de l'hôpital doit resplendir, lui aussi, aux premiers rayons du soleil. Le jour se lève pour lui comme pour moi. Mais pour Fumio et ses compagnons allongés, c'est un jour de plus qui les rapproche de la mort. Je réprime un frisson et laisse aller ma tête un moment contre le *shojii*. Ah, ces réveils dans les matins baignés de soleil, ces gambades sur l'herbe avec Michiko, sous l'œil attendri de son père, c'était, il y a deux jours encore, une de nos joies quotidiennes! Oui, il y a seulement deux jours.

Tout à coup, le ballon vert arrive droit sur moi. Je n'ai que le temps de l'attraper au vol. Je le renvoie à Michiko qui le renvoie à Sam-san et voilà le jeu parti. Dans l'excitation du moment, j'oublie tout le reste.

— Yuka-san, pour une fille, vous ne vous défendez pas mal, s'écrie Sam-san avec ironie.

Ce sont les premiers mots qu'il m'adresse depuis sa visite à l'hôpital. Je craignais cette rencontre, mais vraiment ce jeune Américain est plein de tact et de finesse. Il a très bien compris que le moment n'était pas choisi pour rappeler une tragédie dont il n'ignore pourtant plus rien maintenant. Je lui en suis profondément reconnaissante. Près de lui, je me sens détendue et réconfortée.

Michiko abandonne soudain le jeu et accourt vers moi sur ses petits pieds nus.

— Maman, voilà Yamagushi-san qui arrive.

De saisissement, je lâche le ballon qui rebondit tristement le long du sentier du jardin. Et il me semble de même que toute joie s'en va de mon cœur.

— Qu'est-ce qu'il y a, Yuka-san?

Un doigt sur les lèvres, je fais signe à Sam-san de se taire, espérant, contre tout espoir, que si Yamagushi-san n'entend pas de bruit chez nous, il passera son chemin. Comme si un renard abandonnait sa proie une fois qu'il en a flairé le sang.

Sans aucun doute, notre propriétaire a déjà eu vent de la maladie de Fumio et je sais à quel point il est impatient de nous expulser. Depuis longtemps, il projette de construire un lot de maisons modernes qui lui rapporteront beaucoup plus que mes modestes loyers.

— Ah! bonjour, bonjour Nakamura-san.

La bête est sur nous. Quel effort il me faut pour saluer poliment ce petit homme avec son complet neuf et son panama! Quel effort pour m'incliner devant lui, pour lui sourire!

— Quelle belle matinée! lui dis-je, après les révérences d'usage. Vous vous levez de bonne heure, Yamagushi-san.

— C'est pour ne pas manquer mon gibier, Nakamura-san. Excusez-moi, je voulais dire votre mari, dit-il en plaisantant. J'ai quelques mots à lui dire.

Pour gagner du temps, je présente notre hôte à Yamagushi-san qui lui donne sur-le-champ une claque dans le dos pour bien montrer qu'il connaît les manières américaines.

— Comment va ce vieux pays? Et ce cher vieux New York? hurle-t-il dans cet anglais appris à l'école de commerce et qu'il a perfectionné en faisant du marché noir à Tokyo.

— Très bien, dit Sam-san, d'un ton glacial.

Il est visible qu'il n'apprécie guère ce faux plaisantin au regard dur.

— Comme je viens de vous dire, j'aimerais bien voir votre mari, Nakamura-san.

Mon propriétaire a changé de voix, de manières également, comme un acteur de théâtre japonais change de personnage en changeant de masque.

— Mon mari est à Osaka, dis-je rapidement. Son patron l'a envoyé faire des achats pour le garage.

— *Sodeska!*

Au sourire de Yamagushi-san, je comprends qu'il sait la vérité et qu'il a l'intention de nous jeter à la rue.

— Aucune importance, me dit-il, je reviendrai un autre jour. Ce n'est pas urgent, urgent.

Oh! bien sûr que ce n'est pas urgent! Il a le temps pour lui!

— Il faut que je vous quitte maintenant. J'ai quelques visites à faire dans le voisinage, dit Yamagushi-san.

Et, avec une nouvelle claque dans le dos de Sam-san, il ajoute :

— J'aimerais bien visiter votre pays, vous savez. C'est le plus grand pays du monde. Le Japon est trop petit pour moi maintenant. Allons, au revoir, crie-t-il encore en repoussant son panama d'un geste cavalier.

Et l'affreux petit homme redescend l'allée du jardin.

— Un ver de terre, dit Sam-san, en suivant des yeux Yamagushi-san qui franchit la porte de bambou et traverse la rue. Ça me dégoûterait de toucher ce ver de terre. Pas vous, Yuka-san?

Je ne m'étais pas trompée. De l'autre côté de la rue, le propriétaire s'est arrêté pour parler à Honda-san qui est en train d'ouvrir son magasin. C'est un vrai fouineur ce Yamagushi. Il va sûrement demander à Honda-san si elle sait quelque chose au sujet de Fumio ; il essaiera aussi de savoir si j'ai des dettes chez elle. Ce sont ses manières habituelles. En fait, il s'attaque aussi à Honda-san. Il a augmenté son loyer et il espère bien qu'elle finira par quitter sa boutique. Tout cela pour construire ses immeubles.

— Qu'est-ce qu'il y a, Yuka-san? Pourquoi êtes-vous si agitée?

Je sursaute. Je me rends compte tout d'un coup que depuis un moment mes doigts n'ont pas cessé de tripoter la ceinture de mon *yukata.* Je regarde Sam-san avec un pauvre sourire.

— N'ayez pas peur, Yuka-san. Je ne veux pas être indiscret. Je ne suis pas comme cette vipère de Yamagushi.

Pourquoi ne pas me décharger de tous mes ennuis sur Sam-san? Ce n'est pas dans mes habitudes, mais je suis à bout de nerfs et je laisse aller mon cœur. Je lui explique tout d'un trait ce que cela représente d'être une victime de la bombe atomique. Nous sommes considérés partout comme des parias, comme des oiseaux de malheur et, ce qui est pire, on ne veut de nous pour aucun travail. Et c'est vrai que dans l'état où nous sommes, nous faisons souvent de bien mauvais ouvriers. C'est vrai aussi que nos cicatrices sont répugnantes à voir.

Sam-san pose sa main sur mon bras. Le bras justement qui porte les cicatrices bien cachées sous la manche de mon *yukata,* et il me dit doucement :

— Pourquoi ne m'avez-vous rien dit? Pour quelles raisons? Est-ce que je suis votre ami, oui ou non?

— Je ne voulais pas vous ennuyer avec tout ça, Sam-san. Vous êtes ici en mission, et aussi pour visiter le

Japon. Dans quelques jours, vous serez déjà à Kyoto.

— Au diable Kyoto! s'écrie-t-il brusquement. (Mais il sourit aussitôt.) Je ne suis pas le genre de type à rester planté devant les temples et toutes les merveilles touristiques du Japon. Qu'est-ce que vous diriez si je m'arrangeais pour rester quelques jours de plus? Je n'ai qu'à envoyer un télégramme à Tokyo. Ce qui pourrait m'arriver de pire, c'est que mon beau-père me vide de la boîte. Mais je dois dire que ça ne me déplairait pas plus que ça. Dites donc, Yuka-san, pendant que j'y suis, je pourrais vous payer une semaine d'avance.

Je le regarde sans répondre, submergée de gratitude, mais nos règles du savoir-vivre ne me permettent pas de lui exprimer mes sentiments.

— Il faut aller vous habiller maintenant, me dit Sam-san. Fumio va vous attendre à l'hôpital. J'irai vous chercher, si vous voulez, vers midi et nous pourrions faire le marché ensemble.

Je lui souris à nouveau. Que c'est bon de se savoir protégée par un ami si sûr!

— On dirait que vous avez dix ans quand vous souriez, dit Sam-san en secouant la tête. Le même âge que Michiko. On dirait deux petits pois dans la même cosse. C'est ce que j'ai pensé ce matin en voyant Michiko en contemplation devant l'étang. C'était tout à fait vous, Yuka-san.

— Et qu'est-ce que Michiko contemplait, à votre avis? lui demandai-je pour le taquiner.

— Autant que j'ai pu voir, elle ne regardait rien du tout. Il n'y avait rien à voir.

Je me souviens de l'expression de ma fille, accroupie devant l'étang au petit matin.

— Oh non, Sam-san, vous vous trompez. Vous vous trompez complètement. Il y avait quelque chose à voir, quelque chose que seule Michiko peut voir.

12

Quelle chance que la fête donnée pour Ohatsu tombe justement pendant la saison des lucioles! Pendant deux nuits, nous sommes allés pourchasser ces bestioles sur les collines et nous en avons rempli deux de ces petites cages de bambou que nous ressortons à chaque printemps.

Comme tous les ans, les bois environnants étaient envahis d'une foule innombrable de chasseurs de lucioles, mais je parierais que personne n'en a attrapé plus que notre cher Américain. Sam-san met tant d'ardeur à tout ce qu'il fait! Aujourd'hui, il est tout excité à l'idée de la fête que Maeda-san donne ce soir pour Ohatsu et Hiroo.

— A quelle heure partons-nous? me demande-t-il. Pourvu qu'il fasse beau! Est-ce que vous croyez que je dois m'habiller?

— Non. Donnez-vous un coup de peigne, pour une fois. Ce sera suffisant.

Sam-san fait tellement partie de la maison que, d'une main familière, je me permets de remettre de l'ordre dans sa chevelure ébouriffée. Ses cheveux, d'une blondeur presque irréelle, sont aussi doux qu'ils le paraissent.

— La fête des lucioles commence dès que s'allume la première étoile, lui dis-je. Les élèves de Maeda-san arriveront tous en même temps et donneront le signal.

Et c'est le signal. Ils sont tous là dans leur kimono de fête, devant la porte de bambou de Maeda-san, le nez en l'air dans l'attente de cette première étoile. C'est une maison bien délabrée, celle de Maeda-san, depuis que le souffle atomique l'a ébranlée de haut en bas.

— Un de ces quatre matins, elle va nous tomber sur la tête en plein milieu du cours de dessin, dit un étudiant en riant derrière son éventail. Le maître déménagerait bien, lui, s'il n'y avait pas sa femme.

Sam qui commence à apprendre quelques mots de japonais a cru comprendre qu'on parlait de la femme de Maeda-san.

— Comment? Maeda-san est marié! Vous ne m'aviez pas dit ça, Yuka-san.

Je fais celle qui n'a pas entendu, et je pénètre dans le jardin, espérant que Sam-san ne verra pas Iisa. Ce soir, c'est fête, et je ne voudrais pas lui gâcher sa soirée en lui révélant une nouvelle calamité d'Hiroshima. Mais c'est peine perdue.

— Venez donc saluer ma femme, mes chers amis, nous dit aussitôt Maeda-san en nous accueillant avec son bon sourire. Venez dire bonsoir à Iisa.

Il adore sa femme, et son amour éclate sur son visage. Marchant à petits pas et faisant signe à ses jeunes amis de ne pas faire claquer par terre leurs *getas,* Maeda-san nous conduit vers une sorte de véranda tapissée de plantes vertes qui grimpent le long d'un treillis. A la lueur de quelques lucioles échappées de leurs cages, nous apercevons, au fond de la pièce, la silhouette de Iisa agenouillée devant un panneau laqué. Étrange apparition! Qui ne saurait pas que la femme de Maeda-san respire, qu'elle mange et qu'elle dort, pourrait croire que le peintre a laissé là une poupée géante, immobile et enrubannée qui lui servirait de modèle.

Je lance un regard à Sam-san. Ses yeux sont à demi fermés et il semble très ému. Les élèves de Maeda-san s'inclinent tous ensemble et Sam-san en fait autant. C'est la façon de ces jeunes gens de rendre hommage à cette femme que le destin a frappée.

A mon tour, je salue Iisa. Je souhaiterais faire plus que m'incliner devant elle, mais que pourrais-je lui dire? Les mots pour elle n'ont plus aucun sens. Pauvre Iisa! comme toutes les horloges d'Hiroshima, son esprit s'est arrêté ce matin du mois d'août, à 8 h 15. Assourdie par la déflagration, les vêtements arrachés, l'esprit hagard, elle a réussi à se traîner jusqu'à la maison et elle ne l'a pas quittée depuis. Son mari l'a retrouvée ce jour-là, berçant dans ses bras son bébé mort, les yeux agrandis d'horreur, fixant la noire pluie atomique.

— *Kireï!*

Kochino, le plus jeune des peintres, murmure ce mot « charmante » et, comme en écho, une autre voix le répète à voix basse. Bien sûr, ce sont des artistes, avides de beauté. Une luciole s'est posée sur le front pur d'Iisa et projette une faible lueur sur son visage. Elle est belle. Ses mains, sagement croisées sur sa poitrine, sont aussi blanches que les plis soyeux de son kimono et sa longue chevelure noire est aussi douce que ses rubans de velours. « Kireï » est le mot qui qualifie le mieux notre charmante Iisa.

La scintillante luciole a éteint sa lumière et le visage d'Iisa se trouve plongé dans l'obscurité.

Maeda-san nous fait signe de le suivre. Il ne faut pas fatiguer sa femme. Mais personne ne veut que cette petite poupée blanche se sente exclue de la fête et, agenouillés sur le gazon, nous nous mettons tous à chanter pour elle. Nos voix ne sont que des murmures et nous chantons ces complaintes d'Hiroshima qui nous sont si chères : « Quand tombe la pluie noire » ou « Le bouquet sur l'eau » et pour finir, bien sûr *« Bungaku no ko »*. C'est avec toute notre passion que nous lançons ce cri du cœur : « Jamais plus Hiroshima! » — Comme nous nous sentons proches les uns des autres! Nous sommes une espèce à part, des hommes radioactifs, les seuls spécimens de ce genre sur la surface de la terre. Nous sommes tous frères et sœurs.

— Yuka-san!

J'avais oublié l'Américain! Les chants ont cessé, remplacés par des conversations à voix basse et je comprends soudain combien Sam-san doit se sentir seul et triste parmi nous. Quel manque de tact d'avoir négligé un hôte honoré! Je me sens coupable, et je lui souris.

— Est-ce que c'est sans espoir? me demande-t-il soudain à voix basse en me désignant Iisa toujours figée sous la véranda fleurie.

— Hélas, oui.

Je lui raconte en quelques mots l'histoire d'Iisa et de nouveau, je vois les yeux de Sam-san s'assombrir.

— Est-ce qu'il y a beaucoup de cas semblables à Hiroshima? me demande-t-il, anxieux.

Je retrouve dans ses yeux le même regard que lorsque le Dr Domoto lui présentait les malades de l'hôpital.

— Beaucoup, malheureusement.

— Le buffet est servi! s'écrie Maeda-san de sa voix rauque.

Ce sont vraiment les mots que nous attendions tous.

— Je sais que les jeunes gens ont bon appétit, dit-il encore.

Il rit doucement, il claque sans bruit dans ses mains. Tout ce qu'il fait, il le fait silencieusement, pour ne pas déranger sa femme. Et, à son exemple, nous nous efforçons de parler, de rire même sans faire de bruit. On dirait que la fête se déroule dans un rêve. Ohatsu et moi, nous nous empressons d'aller chercher les plateaux de *suchi*, d'*hishimoshi*. C'est si drôle de voir tous ces jeunes garçons dévorer avec un tel appétit tout ce que nous leur offrons. Une telle occasion est si rare pour eux comme pour nous. Entre deux allées et venues à la cuisine,

Ohatsu et moi prélevons notre part, croquant à belles dents ces *hishimoshi* de toutes formes que j'ai préparés, prenant rapidement quelques gorgées de limonade.

Lorsque chacun est bien rassasié, c'est à mon tour de claquer dans mes mains.

— Et maintenant, les lucioles! Venez chercher vos cages, *dozo!*

Les jeunes invités de Maeda-san sautent sur leurs pieds. Ils enlèvent leurs bruyants *getas* — toujours pour ne pas déranger Iisa — et accourent vers moi. Chacun s'empare d'une petite cage de bambou et ouvre la porte pour libérer les lucioles. Mais la porte n'est pas plus tôt ouverte que les insectes éteignent malicieusement leurs lumières. C'est dans la règle du jeu. Il faut alors secouer et secouer la cage jusqu'à ce que, enfin, elles s'allument à nouveau.

— Les miennes sont parties, m'écrié-je joyeusement!

Et le jeu commence. Nous partons tous à leur poursuite, riant et nous bousculant dans le noir.

De toutes parts, dans la nuit de printemps étoilée, voici que les lucioles prennent leur envol. Les unes se posent sur des feuilles qu'elles éclairent comme de petites lampes. Les autres, semblables à de minuscules étoiles, s'élancent vers leurs grandes sœurs du ciel, portées par les ailes du vent. Et en suivant des yeux leur course lointaine, je me demande s'il leur arrive de mourir avant d'arriver au ciel. Mais peu importe. Ce qui compte seul, c'est de partir, c'est de rêver et d'espérer.

Le bruit de nos pas remplit le jardin de Maeda-san. Nous sommes tous redevenus des enfants, absorbés par le jeu et, sous un arbre, je me heurte à Sam-san. Sa cage de bambou à la main, il garde les yeux fixés sur le visage d'Iisa qu'on devine à travers les feuillages de la véranda. Il n'a plus le moindre intérêt pour les lucioles. Le sort d'Iisa l'a impressionné à tel point qu'il ne peut plus en détacher son esprit. Pour lui, la fête n'existe plus.

— Venez, Sam-san, venez jouer avec nous.

Il sourit d'un air absent, sans me regarder. Alors à ma grande surprise, il passe son bras autour de mes épaules et m'attire un moment contre lui. C'est de la même façon que ce matin, près de l'étang, il a serré Michiko contre lui.

— Quand je pense que ça aurait pu vous arriver à vous, Yuka! me dit-il gravement.

Je sens monter en moi une vague de bonheur que je ne cherche pas à comprendre mais qui me submerge délicieusement. La façon dont Sam-san vient de me parler, la façon dont il a dit familièrement « Yuka » tout court, me font penser pour la première fois que je ne lui suis pas indifférente. Je me garde bien de bouger, car je suis heureuse de sentir autour de mes épaules ce bras protecteur qui me communique force et chaleur.

— Une chose est certaine, lui dis-je sans le regarder, c'est que rien de mal ne peut m'arriver ce soir.

— Pourquoi?

— Parce que vous êtes là.

Je sens le bras de Sam-san se resserrer autour de mes épaules mais il le retire aussitôt, comme s'il se rappelait soudain ce que son geste a de trop intime. Il rit, mais son rire est un peu contraint.

— Vous savez, c'est la première fois que quelqu'un me dit cela. Ça me donne bonne conscience. Au fond, c'est ce que chaque homme souhaite vraiment : apporter la sécurité à qui en a besoin. C'est un sentiment d'adulte. Vous voyez, Yuka, c'est étrange, mais j'ai l'impression d'avoir grandi depuis que je suis à Hiroshima, d'être devenu vraiment un homme.

Un peu plus tard, toutes les lucioles ont pris leur vol. Il y en a partout, dans les arbres, sur le toit. Près du puits, les iris en sont recouverts et leurs tiges brillent comme des chandelles allumées. Le gazon semble un tapis lumineux et Prince Genyi, le chat noir de Maeda-san, le traverse majestueusement, ses moustaches luisant sous l'éclat des lucioles.

— Grande sœur?

J'entends une voix douce dans l'obscurité et je reconnais la silhouette d'Ohatsu.

— Qu'est-ce qu'il y a, petite sœur?

— Tu es sûre, Yuka, que tu ne nous en veux pas de nous amuser tellement, murmure-t-elle encore tout excitée par le jeu, je veux dire à cause de Fumio? Mais c'est la plus belle soirée de ma vie. Tout est si beau : les lucioles, les étoiles, les gâteaux que tu as faits. Je n'oublierai jamais cette fête. Mais tu es sûre que tu ne nous en veux pas?

— Bien sûr que non, ma chérie. Tu sais bien que Fumio va mieux. Il n'a presque plus de fièvre et l'analyse du sang est bien meilleure. Va vite rejoindre ton Hiroo.

— Tu penses que Fumio va bientôt guérir?

— Naturellement. J'en suis sûre.

Le visage d'Ohatsu se détend.

— Oh! Yuka, j'ai mal. Je t'aime tellement et j'aime tellement Hiroo aussi. Et je ne sais lequel de vous deux j'aime le mieux.

— C'est Hiroo, naturellement, dis-je en souriant. Dépêche-toi d'aller le rejoindre. C'est un ordre!

Elle se sauve en courant, serrée dans son long kimono, puis elle s'arrête et se retourne brusquement.

— C'est sûr que Fumio va guérir? Tu me le jures? implore Ohatsu.

— Je te le jure, dis-je sans hésiter.

Je vois les yeux d'Ohatsu qui s'éclairent. Cette fois, elle rejoint la fête.

Comment vivrions-nous, sans ces petits mensonges? Je sais que ce n'est pas l'avis de Sam-san, mais je crois qu'il a tort. Comme ils sont précieux, ces petits mensonges pour tous ceux qui s'aiment!

13

Ainsi, les voilà nés ces petits écureuils! Ils pointent leur nez par le trou de l'arbre, exactement semblables à leur heureux père. Ohatsu et moi leur avons apporté un sac de noisettes. Ils n'auront pas besoin d'aller chez l'épicier! Ils pourront rester toute la journée assis sur le bord de la fenêtre de l'hôpital, rappelant à Fumio et à ses compagnons que le bonheur existe encore sur la terre. N'est-ce pas étrange que les hommes et les écureuils aient, au fond, les mêmes désirs : l'amour, la santé et la paix! Mais pourquoi faut-il que, de nos jours, ces biens essentiels soient plus facilement accessibles aux écureuils qu'aux hommes?

— N'est-ce pas, qu'il est devenu beau, notre écureuil? me demande, du fond de son lit, Madoka, le garçon sans paupières.

Il a dit cela d'une voix tremblante. Il paraît aussi mince qu'une feuille de papier. Je suis sûre que ces six jeunes gens ne pèsent pas plus ensemble que trois hommes normaux. Malgré cela, sous la pression de leurs glandes en révolution, leur corps, à certains endroits, se boursouflent monstrueusement. J'ose à peine regarder Fumio. En moins d'une semaine, ses bras se sont horriblement rabougris, alors que sa tête a doublé de volume. Avec ses lèvres gonflées et craquelées, avec ses yeux ravagés, le visage de mon mari est devenu comme un masque effrayant. Tout son visage semble crier : « J'ai mal, j'ai mal ! »

— Avez-vous mieux dormi la nuit dernière, Fumio? demande Ohatsu.

Nous sommes venues toutes les deux avec Sam-san et nous nous tenons au pied de son lit. Je crois que Fumio aime nous avoir ainsi près de lui. A la question d'Ohatsu, quel étrange regard passe dans ses yeux! Comme s'il voyait plus loin que nous tous, comme s'il savait plus de choses. Que peut-il donc savoir? Même s'il pouvait nous le dire, nous ne pourrions sans doute pas le comprendre. Ma tante Matsui disait qu'il faut avoir éprouvé soi-même la souffrance, pour en comprendre le sens.

Sam-san ne peut détacher ses yeux de mon mari. Depuis une semaine qu'il vient chaque jour voir Fumio à l'hôpital, il a suivi les ravages de la maladie. Chaque fois, il se tient immobile devant le lit et les yeux fixés sur ce visage impénétrable. Peut-être est-ce la résignation calme de mon mari qui l'intrigue. A son humble façon, Fumio a atteint une grande hauteur. Il s'est élevé jusqu'à un sommet où il n'y a pas de place pour la petitesse et la mesquinerie.

— Yuka, est-ce que je peux dire quelques mots à Fumio? me murmure Sam-san. Vous voulez bien?

Sam-san s'approche du lit. Son visage est tendu et il passe dans ses cheveux une main nerveuse :

— Écoutez, Fumio, je ne sais pas très bien comment vous dire ça, mais je voudrais vous dire merci, merci pour tout ce que vous m'avez appris. C'est grâce à vous que j'ai compris ce que signifie Hiroshima et il n'y a pas beaucoup de gens qui le savent. Mais ce que j'ai vu, je le dirai. C'est tout ce que je peux faire : le dire autour de moi.

Je traduis soigneusement. Et lorsque j'ai fini, Fumio lève lentement les yeux et cherche le regard de Sam-san.

Pendant une seconde, les deux jeunes hommes se regardent l'un l'autre. Oh, mon pauvre petit mari, quelle force soudain dans ton regard et voilà qu'il sourit, oui, il sourit. Le visage de Sam-san s'empourpre. Longtemps, ils continuent à se regarder et il me semble alors que le monde entier s'immobilise, observe le silence pour rendre hommage à ces deux jeunes hommes. Il passe un moment chargé d'éternité et qui marque le temps de son empreinte ineffaçable.

— Je crois que Fumio s'est endormi, Yuka, murmure Ohatsu à mon oreille.

Nous nous retirons sur la pointe des pieds et, après avoir salué chacun des compagnons de Fumio, nous quittons la pièce en silence — mais c'est pour tomber sur le Dr Domoto qui arrive vers nous au pas de course, en compagnie d'un grand Occidental aux cheveux fous et à la barbe noire.

— Ah, très mauvais! s'écrie-t-il en apercevant Sam-san. Est-ce que vous parlez français?

Non, Sam-san ne sait pas le français. Il secoue la tête d'un air absent : ses pensées sont encore auprès de Fumio.

— Ah, très mauvais. Vous tous venons boire le thé, venons dans mon office, dit le Dr Domoto dans son affreux anglais.

Il nous précède et nous entrons dans son bureau, le Français à la barbe broussailleuse, Sam-san, Ohatsu et moi.

— Le Dr Bonnard est une autorité mondiale en matière de génétique et de mutations, m'explique le Dr Domoto. Malheureusement, j'ai presque tout oublié de mon français. Je l'ai pourtant bien étudié à Paris, il y a vingt-cinq ans. Le Dr Bonnard est venu au Japon pour rencontrer les plus grands spécialistes de chez nous, le Pr Tomaki, le Dr Fujimoto et aussi le Dr Kikushi. Est-ce que tout le monde veut du thé? Oui, très bien.

C'est une petite paysanne aux jambes arquées qui nous sert le thé et elle ricane derrière sa main en voyant la barbe du Français. Mais le Dr Bonnard ne s'en rend même pas compte. Il est absorbé par des documents et des photographies étalés sur la table, que lui présente le Dr Domoto. Regardant discrètement par-dessus son épaule, j'aperçois une étrange photographie : c'est un poisson, mais quel horrible poisson!

— C'est une très intéressante expérience du Pr Tomaki, nous explique le Dr Domoto. Un poisson monstrueux avec deux têtes et quatre yeux.

Il me demande d'expliquer que ce poisson, traité en laboratoire aux rayons de cobalt, est devenu radioactif et n'a pas tardé à présenter des signes de difformité.

— Oui, oui, dit le Dr Domoto qui ne me laisse pas le temps de traduire. C'est vrai : le plus de rayons cobalt, le plus de difformités. Après une semaine, le poisson pousse deux têtes, pousse quatre œils. Même chose peut arriver à les bébés humains, avant la naissance, si la mère est radioactivée, ou même à le bébé du bébé. Les mutations peuvent sauter la génération. Les personnes radioactivées jamais ne peuvent pas être certaines que leurs petits-petits-petits enfants ne sont pas comme les poissons horribles.

Nous nous rapprochons de la table, les yeux fixés sur le poisson du Dr Tomaki. Le Français regarde longuement, à travers une loupe qu'il tient à la main et qu'il passe ensuite à Ohatsu avec un sourire (même ce docteur barbu a été sensible à sa beauté). Mais ma petite sœur secoue la tête et recule vivement. Elle est toute blanche. Elle jette un nouveau regard effrayé au poisson et détourne aussitôt les yeux comme si elle cherchait une issue et je comprends qu'il vaut mieux l'éloigner de ce spectacle. J'échange un rapide regard avec le Dr Domoto. Nul ne connaît mieux que lui les nerfs détraqués et le manque de contrôle et de sang-froid de toutes ces victimes de la bombe atomique.

— Merci de votre visite, Nakamura-san, me dit-il rapidement en me poussant vers la porte pour abréger les salutations. J'espère vous revoir bientôt.

Et nous voilà toutes les deux dans la rue en compagnie de Sam-san. A la lumière du jour, Ohatsu paraît plus blanche encore que dans le sombre bureau du docteur. Elle presse ses mains contre sa poitrine, dans ce geste si émouvant qui n'appartient qu'à elle.

— Il faut que je me dépêche, je dois être à mon travail dans dix minutes, me dit-elle.

Il est à peine 1 heure et elle ne commence généralement qu'à 2 heures. Je voudrais bien qu'elle fasse quelques pas avec nous, mais elle ne m'écoute pas et se sauve en courant. Mon Dieu ! j'ai un moment de panique et, pendant une seconde, je suis tentée de courir après elle. On ne peut jamais savoir ce qu'Ohatsu a dans la tête pendant ses moments de dépression.

— Yuka, cessez de vous inquiéter pour Ohatsu. Vous avez assez de soucis comme cela, dit Sam-san en me serrant amicalement le bras. Cette enfant est amoureuse, et voilà tout.

J'essaie de me convaincre qu'il a raison mais je sais, au fond, que mes craintes sont justifiées. Ohatsu ne peut pas être heureuse après tout ce qu'elle a connu. Je n'ai cependant pas envie d'en discuter avec l'Américain.

Nous descendons lentement vers la rivière et empruntons le nouveau pont. Juste au-dessous de nous, sur la rive, il y a un petit homme qui pêche. Sans cesse, il lance son filet dans l'eau et le ramène vers la berge, pour le lancer à nouveau. A chaque fois, l'eau jaillit et retombe en fines gouttelettes et des cercles concentriques s'élargissent autour du filet. Près du rivage, j'aperçois un bouquet de fleurs qui reste accroché entre deux pierres.

J'espère que Sam-san ne l'apercevra pas, et j'essaie de l'entraîner.

— Regardez, dit-il, il y a un bouquet de fleurs, le même que l'autre jour. C'est incroyable, on dirait qu'on l'a mis là exprès.

Chère maman, il va falloir que je lui explique. Je frémis à la pensée de prononcer ton nom bien-aimé devant un étranger, tu le sais, mais Sam-san est devenu maintenant l'un de nous. Il a le droit de savoir. Grâce à lui, d'autres sauront ce qui est arrivé ici. Maman chérie, pardonne-moi si je raconte à cet Américain tes dernières heures et ce que tu as enduré le long de la rivière. Pardonne-moi, maman.

— Vous avez raison, Sam-san. C'est Ohatsu qui a déposé ce bouquet, dis-je à voix basse à Sam-san qui regarde toujours par-dessus le parapet.

— Ohatsu? demande-t-il intrigué.

— Oui, dis-je, elle dépose ici chaque matin un nouveau bouquet en se rendant à son travail.

Et je commence à raconter à Sam-san ce qu'il aurait été impossible de lui dire quelques jours auparavant. Pas une fois, pendant toutes ces années, je n'ai parlé de cela à quiconque. Et maintenant j'explique à Sam-san que c'est à cet endroit précis que notre mère, changée en torche vivante, s'est jetée dans la rivière, après l'explosion de la bombe.

— Vingt mille personnes reposent encore au fond du fleuve. Comme maman, elles se sont précipitées en flammes dans les eaux. Les gens viennent aujourd'hui déposer des fleurs à la surface de la rivière. C'est la seule tombe qu'ils peuvent fleurir.

Sam-san me presse les mains. Il ne dit mot. Je savais qu'il ne pourrait rien dire. Il comprend maintenant pourquoi, ce premier soir qu'il a passé à la maison, Ohatsu lui a brusquement arraché des mains la fleur qu'il avait prise dans son bouquet.

— Sam-san, je veux vous raconter les derniers instants de ma mère. Je veux vous les raconter parce que c'est le sort qui est réservé à beaucoup d'entre nous et peut-être même à l'humanité tout entière.

J'essaie de lui décrire cette scène dont je me souviens si bien : la ville d'Hiroshima en flammes. Je lui raconte cette fuite éperdue à travers les rues, ce jour-là, avec tante Matsui et maman portant sur son dos la petite Ohatsu âgée de trois ans. Nous étions presque nues, nos vêtements avaient été arrachés par le souffle de l'explosion. Des boules de feu sillonnaient les airs, lançaient des jets de flammes qui embrasaient tout ce qu'elles touchaient, les arbres, les maisons et les gens qui s'enfuyaient dans tous les sens. Les rues étaient si chaudes que l'asphalte bouillonnait et beaucoup de pauvres chiens furent rôtis vivants pour n'avoir pu dégager leurs pattes collées au sol. Je me rappelle les hurlements effrayants de ces pauvres bêtes et maman a dû crier, elle aussi, avant de sauter dans la rivière.

— Yuka, taisez-vous. C'est au-dessus de vos forces.

Il faut que j'aie la force de parler. Il faut qu'il sache tout puisqu'il est là, maintenant, avec les rescapés. Une branche d'arbre s'abattit sur moi, me laissant évanouie et me sauvant peut-être de la mort. Aussi, je n'ai connu la fin de maman que par le récit de ma tante. C'est ce récit que je répète alors à Sam-san.

— Tante Matsui dit que jamais elle ne pourra oublier les hurlements d'effroi, ni l'intolérable odeur de la chair brûlée. C'est elle qui ramassa Ohatsu sur la berge où l'avait jetée maman avant de sauter dans l'eau. Au milieu de la foule des désespérés, maman tourna une dernière fois son beau visage vers sa petite fille. Elle cria, une dernière fois, le nom d'Ohatsu et sombra en poussant un cri de désespoir. C'était exactement à l'endroit où vous voyez ces fleurs, les fleurs d'Ohatsu.

Je ne peux pas continuer. Je ne le peux pas. Oh!

maman, ton visage noirci me regarde toujours à travers l'eau grise. Il y a une auréole autour de ta tête, de tes cheveux brûlés. Je jure, maman, sur ton visage calciné et tes cheveux en flammes, je jure de consacrer le reste de ma vie à empêcher que de telles horreurs se reproduisent. Ah ! maman, tu me souris ? Est-ce cela que tu attendais de ta fille : la promesse de me consacrer à cette tâche ? Eh bien, c'est fait. Je te le promets. Maintenant, ton visage angoissé s'est évanoui parmi les remous du fleuve et il ne reste plus là que le bouquet d'Ohatsu, les fleurs d'Hiroshima. Dors-tu en paix, maman chérie ? Dors-tu vraiment en paix ?

14

Comment expliquer à un Américain ce qu'est le *ko?* Ils sont absolument incapables de comprendre les raffinements de la politesse japonaise. Dans le petit train cahotant qui nous emmène à Kiosoko où nous devons faire la connaissance de la famille d'Hiroo, je souris encore à la pensée des efforts que j'ai dû faire ce matin pour expliquer à Sam-san ce qu'est le *ko*.

— Nous n'avons rien de comparable chez nous, me disait-il, comme s'il parlait d'une spécialité japonaise. J'aimais beaucoup mon père, vraiment beaucoup, mais quant à ce genre de piété filiale... Non, Yuka, vraiment, je ne pige pas votre *ko*...

J'essayai de lui faire une démonstration plus convaincante. Attrapant un coussin, je me le fixai sur le dos comme s'il s'était agi d'un bébé et, marchant à petits pas, je m'inclinai à plusieurs reprises. Évidemment le « bébé » suivait le mouvement.

— Imaginez que je sois une jeune Japonaise qui salue son mari. Chaque fois que je m'incline, le bébé s'incline en même temps. Ainsi, le respect pour le chef de famille lui est inculqué tout naturellement. C'est le commencement du *ko*.

— Dites donc, Yuka, vous feriez une bonne actrice.

Encouragée, j'esquissai vers lui un pas de danse,

m'agenouillai devant lui et me lançai dans une série de courbettes si profondes, qu'à chaque fois mon front touchait le sol.

— Grand Dieu, qu'est-ce que vous faites là par terre?

— C'est le Nouvel An, et je remercie mon honorable père pour tout ce qu'il a fait pour moi pendant l'année. Je l'assure de ma dévotion et je lui promets d'obéir à toutes ses volontés. Voilà ce qu'est le *ko*.

Mais il est certain que Sam-san ne comprendra jamais. Et, tandis que nous sommes installés dans ce petit train brinquebalant, je regarde Hiroo, assis en face de moi et je comprends que le *ko* n'appartiendra jamais qu'à nous, Japonais. Hiroo ne s'est jamais posé de question à ce sujet, pas plus que ma petite sœur ou moi-même. Pour cette circonstance solennelle — la présentation de sa bien-aimée à ses parents — il a revêtu son kimono de fête avec l'emblème de sa famille samouraï, brodé sur les larges manches. Dans ces somptueux vêtements, Hiroo paraît tout différent; il n'y a plus rien en lui du photographe de presse affairé et il semble un personnage sorti tout droit d'un tableau classique. Il se tient raide comme une épée, il ne fait pas un geste, il ne dit pas un mot. Il vaut peut-être mieux que Sam-san ne nous ait pas accompagnés.

Assise à côté d'Hiroo, ma petite sœur, le nez collé à la vitre, regarde défiler le paysage par la fenêtre, se souriant à elle-même. Elle est tellement ravie de cette sortie qu'elle en oublie de s'inquiéter. C'est pourtant de cette présentation que va dépendre son avenir.

— Regarde le temple bleu, là-bas, au sommet de la montagne! s'écrie-t-elle, toute joyeuse.

Ohatsu a déjà conquis tous les voyageurs du compartiment et cela détend un peu Hiroo. Peut-être sa bien-aimée fera-t-elle une impression aussi favorable sur son père et sur sa mère. Qui pourrait résister au charme d'Ohatsu?

Le train vient de s'arrêter pour quelques instants dans une petite gare et Hiroo propose d'aller prendre un rafraîchissement. Mais il est tellement évident qu'il a envie d'être seul avec Ohatsu que je m'en vais de mon côté vers une petite boutique de souvenirs. On y trouve des vases taillés dans le bambou, des éventails de papier peint et de petits porte-bonheur. Je remarque une minuscule perle de culture, taillée en forme de cœur, passée dans un fil doré qui semble fait pour le cou fragile de mon Ohatsu. Bien que ce collier ne coûte que quelques *yen*, c'est beaucoup pour mes maigres ressources. Je l'achète pourtant sans hésiter et le sourire émerveillé de ma petite sœur lorsque je le lui offre me donne mille fois raison. Elle bat des mains et me chuchote à l'oreille :

— Je ne le quitterai jamais, grande sœur, jamais.

— Qu'il te porte chance, ma chérie!

Le train a parcouru de vastes rizières et maintenant nous les quittons pour traverser une forêt de sapins et atteindre enfin la mer. Nous longeons un moment le rivage, épousant la courbe d'une large baie. En face de nous se dresse un rocher rouge et sauvage, le fameux rocher d'Osima.

— Quand je pense que des gens viennent se jeter de là-haut, s'écrie Ohatsu, le nez toujours collé à la vitre. Comment peut-on être aussi stupide!

Mais elle éclate de rire, car tout l'amuse aujourd'hui, même ce rocher de mort.

— Ah, Kiosoko! Nous y voilà! dit Hiroo, alors que le train s'arrête à la gare suivante.

Il est extrêmement tendu et, tandis que nous nous acheminons vers la maison de famille, je vois ses tempes battre à grands coups. Il est déjà repris par l'atmosphère familiale. Il semble avoir oublié son travail, sa vie quotidienne et jusqu'à nous. Comme s'il franchissait le seuil d'un temple, il passe la barrière du jardin et s'engage fermement sur le chemin qui conduit à une modeste maison de bambou.

Une rangée de cyprès pousse devant la maison. Un tout petit homme et sa femme, aussi droits que les cyprès, nous attendent sur les marches.

Leurs kimonos sont usés jusqu'à la corde. Autour d'eux, tout paraît misérable et cependant il règne une atmosphère de noblesse sur cette maison et ses hôtes. Même si je n'avais pas vu les emblèmes samouraï à demi effacés sur leurs manches de kimono, j'aurais compris que ces gens étaient d'une autre caste qu'Ohatsu et moi. Ils contrôlent parfaitement l'expression de leur visage et leur accueil est empreint d'une charmante courtoisie.

— *Yoku irashai mashita, Dozo.*

Quand les salutations d'usage ont pris fin, je jette un regard furtif sur le visage de nos hôtes. Mon Dieu! Au lieu des sourires attendus, c'est un voile de désespoir que je découvre. Bien qu'ils admirent la beauté d'Ohatsu, bien qu'ils devinent, j'en suis sûre, sa douceur intérieure, je comprends que quelque chose ne va pas, mais pas du tout. Je ressens comme un coup de poignard dans mon cœur.

— Je vous en prie, veuillez prendre un de ces humbles rafraîchissements. *Dozo.*

Nouvel échange de saluts et de formules de politesse. Puis nous nous agenouillons en cercle sur une natte de paille fine, sous les noirs cyprès. Une sorte de gnome préhistorique, en kimono très usé, nous verse du thé vert dans les bols aussi fragiles que des gaufrettes. La réception se poursuit ainsi un long moment et nous n'échangeons que des lieux communs.

Au cours d'une première rencontre entre deux familles, aucune allusion ne doit être faite au mariage, mais cela n'empêche pas le plus minutieux examen de part et d'autre. Ce que nous pouvons dire, ma petite sœur et moi-même, est de peu d'importance; ce qui compte c'est le ton de la voix, la prononciation, ce sont les gestes ou les expressions. De plus, nos vêtements sont soigneusement examinés. Je me rends compte que ma petite sœur fait une impression favorable sur les parents d'Hiroo. Ils paraissent tout à fait séduits. Et pourtant, dans leurs yeux, je lis une tristesse grandissante.

Enfin, ils échangent un regard et, se redressant avec grâce, ils demandent à leur fils de bien vouloir les suivre un moment. Ils s'adressent à lui avec une extraordinaire politesse et lui promettent de ne pas le retenir trop longtemps. Puis le père s'incline devant Ohatsu et moi et nous prie de les excuser un petit instant.

— Notre serviteur va vous apporter du thé frais. Je vous en prie, excusez-nous. *Dozo.*

— Vous êtes tout excusés, répondons-nous d'une seule voix, en nous inclinant jusqu'à terre.

C'est le père qui ouvre la marche, se dirigeant droit vers la maison. Hiroo le suit et la mère trottine à trois pas derrière son fils, de cette démarche traînante qui est considérée comme un signe de distinction chez la femme (une démarche de dindon, aurait dit Sam-san insolemment). Tout est conforme à l'étiquette, il n'y a pas une note discordante jusqu'à ce que...

Hiroo détourne la tête. Oh, mon Dieu! son regard est celui d'un prisonnier attendant la sentence. Est-ce vraiment le même Hiroo que nous avons connu, courant à droite et à gauche, avec ses pantalons de flanelle et son blouson de cuir, sa caméra en bandoulière et ses poches gonflées de pellicules? Y a-t-il donc deux Hiroo? Y a-t-il donc deux personnes dans chaque Japonais?

Ohatsu s'est dressée d'un bond.

— Hiroo! murmure-t-elle.

Bien qu'il n'ait pas dû entendre son appel, je le vois frissonner des pieds à la tête. Mais il est repris aussitôt par le *ko*. Détournant son regard, il pénètre dans la maison à la suite de son père. Sa mère, la tête baissée, entre à la suite de ses deux maîtres. Toute son attitude semble exprimer une vie entière d'obéissance et de chagrin.

— Grande sœur!

La voix d'Ohatsu est remplie d'angoisse, mais je secoue la tête. Jamais, jusqu'à ce jour, je n'ai eu le courage de résister à un appel d'Ohatsu. Mais, pour cette fois, je dois refouler mes sentiments personnels. Quoi qu'il arrive, nous devons agir aujourd'hui selon l'étiquette traditionnelle. Ohatsu le comprend aussitôt. Elle retombe à genoux, s'accroupit silencieusement près de moi dans l'attitude soumise d'une jeune sœur.

Que Dieu bénisse ce vieux gnome! Comme tout un chacun, il est tombé sous le charme d'Ohatsu et s'empresse autour d'elle.

— Un peu de thé? murmure-t-il. Un gâteau? Deux petits gâteaux?

Le gnome papillonne autour de ma jeune sœur et Ohatsu accepte un gâteau. A voix basse, nous échangeons avec lui d'insignifiantes remarques sur le temps. Il paraît que c'est le printemps le plus chaud qu'on ait connu depuis soixante-dix ans et ma charmante Ohatsu, qui n'en a encore connu que dix-sept, approuve spontanément. Trottinant sur ses pieds nus, le vieil homme apporte à Ohatsu une brindille de cerisier fleuri. Il dépose son offrande devant elle, sur la natte de paille, comme si elle était trop fragile pour tenir les fleurs dans ses mains.

— Ah, les voilà qui reviennent, petite sœur, dis-je rapidement.

Hiroo et ses parents sortent cérémonieusement de la maison. J'ai le sentiment que nous jouons tous des rôles dans une pièce de théâtre, dans un de ces anciens *Nô* où chaque geste accompli, chaque parole prononcée conduit à une fin fixée d'avance. Aussi Ohatsu et moi, agenouillées à nos places, attendons-nous l'entrée des autres personnages. Il n'y a pas de vrai drame sans un conflit entre l'amour et le devoir et c'est ce que nous jouons aujourd'hui. Mais, en profondeur, se cache un drame plus effroyable encore. Aucun de nos poètes classiques n'eût jamais pu concevoir un personnage condamné à porter une progéniture monstrueuse et par-là même exclu de l'union avec l'homme aimé.

Ce poisson monstrueux! Pourquoi faut-il que cette image me traverse l'esprit au moment même où Ohatsu aperçoit Hiroo. Dans ses yeux agrandis par la peur, je revois le poisson du Dr Domoto avec ses deux têtes enflées et ses quatre yeux égarés. Je vois ma petite sœur frissonner. Ressentirait-elle un dégoût soudain pour son propre corps? Sous une apparence trompeuse, elle sait quel genre de mort charrie son sang dans ses veines. Comment la bombe perfide a-t-elle pu irrémédiablement souiller le sang, la moelle et jusqu'aux entrailles d'une petite Japonaise appelée Ohatsu?

— Voilà le crépuscule qui tombe, dit le père d'Hiroo et il me semble entendre la voix d'un acteur du *Nô*.

— Une belle soirée, en effet, dis-je en écho.

Peut-on connaître encore quelque bonheur dans un moment de désespoir? Ces simples mots : « Une belle soirée », que je prononce d'une voix ferme, me rendent presque heureuse. Comme nous nous relevons, Ohatsu et moi, je devine que, seule, la force qui émane de moi la soutient encore. Ma volonté l'aide à traverser l'espace qui nous sépare d'Hiroo et de ses parents. Elle marche droite et la tête haute.

Je m'embarrasse dans les formules de remerciement d'usage et, en prenant congé de mes hôtes, je leur dis combien nous avons été honorées d'avoir été reçues chez eux.

— Vous avez un si beau jardin. Je n'oublierai jamais cet endroit. Merci. Merci infiniment.

Oh! victoire! victoire sur moi-même! Ce doux sourire que m'adresse le père d'Hiroo est comme un message d'approbation. Même Hiroo, bien que son regard soit affligé, paraît satisfait de ma conduite et de celle d'Ohatsu. Mon cœur bat de fierté. Seule, j'ai su maintenir la bienséance que réclamait la circonstance et j'ai réussi à élever notre souffrance commune à un niveau supérieur. Je m'efforce de sourire encore une fois, fière d'être devenue une vraie fille d'Hiroshima.

— Il faut nous dépêcher, pour ne pas manquer le train.

— *Sodeska!* Vous allez faire un bon voyage. Il fait plus frais maintenant que le soleil est couché. C'est un très beau parcours le long de la mer.

— Oui, très beau, en effet.

Je sais maintenant que nous ne ferons jamais partie de cette famille et pourtant le père d'Hiroo nous traite avec autant d'affabilité que si nous étions ses parentes. Il nous a reçues comme des *samouraïs,* alors que nous ne sommes que de simples gens. Il regarde ma petite sœur comme il aurait regardé la femme de son propre fils.

Nous commençons les adieux définitifs, nous saluant nous souriant derechef. Et comme Hiroo referme derrière nous la porte du jardin, il me semble qu'elle fait le même bruit que le rideau qui tombe à la fin d'un drame.

15

J'ouvre le *shojii* et je me dépêche de rentrer, mon sac à provisions au bras, car j'apporte à mon bouvreuil la première fraise de la saison. Se dépêcher est une merveilleuse habitude, car il vaut toujours mieux faire courir ses jambes que ses pensées. Mais, comment diable faire marcher ses jambes dans une aussi petite maison? Je dépose mon sac et je tends l'oreille, espérant en vain entendre des voix familières. Il y a quatre jours encore, ma petite maison était remplie de cris joyeux. Mais depuis que Michiko et Tadeo sont partis chez tante Matsui, la maison ressemble à un tombeau.

A travers les barreaux, je tends la fraise à mon bouvreuil. Mais il est clair qu'il n'est pas plus brillant que moi. Tassé comme une vieille femme tout au fond de sa cage, roulé en boule sous son duvet de plumes et la tête pendante, il ouvre le bec, les yeux à moitié fermés.

— Quelle honte de dormir ainsi avant votre souper, vilain oiseau!

Mais je ne peux pas continuer ce jeu plus longtemps. Agenouillée devant la cage, c'est à peine si je peux me tenir droite. Je suis trop fatiguée, même pour aller me faire une tasse de thé. Mais je ne peux m'empêcher de couver des yeux ma chère théière de vieux Chine, dans son coin de cuisine. C'est l'heure sacrée de la tasse de thé bien chaude. Et Ohatsu me connaît bien, qui a mis sous ma grosse théière ventrue, l'après-midi où elle est partie, ce petit billet : *« Je suis partie pour Tokyo. N'essaie pas de me retrouver, grande sœur. Hiroo voulait se marier malgré la volonté de ses parents et il me fallait partir. Je n'ai pas le droit de me marrier. Tout homme a le droit d'avoir des enfants bien portants. Mes bébés pourraient ressembler à ce poisson. Il faut que je parte, grande sœur, malgré tout l'amour que j'ai pour toi. Pardonne-moi, je t'en prie. Je te respecte et je t'aime. »*

Chère Ohatsu. Elle avait mis deux « r » à marier. Elle ne saurait jamais écrire ce mot. Plus que toute autre chose, ce sont ses fautes d'orthographe qui m'ont fait venir les larmes aux yeux.

Cependant la pensée me vint aussi que ce billet maladroit d'Ohatsu exprimait une menace dont le monde devrait bien s'inquiéter. Ohatsu toute seule n'est qu'une pauvre petite jeune fille, mais des millions et des millions d'Ohatsu pourraient changer la face du monde. Si toutes les jeunes filles refusaient de porter des enfants, elles seraient plus fortes que les aviateurs avec leurs bombes. Car les aviateurs ne servent que la mort, les petites Ohatsu portent en elle la semence de la vie.

— Yuka! Yuka! Qu'est-ce qui ne va pas?

Je sursaute. J'ai dû rester là pendant des heures. Il fait tout noir dans la pièce et je m'en réjouis car Sam-san ne pourra pas voir mon visage. Mais je sens ses mains qui effleurent mes cheveux défaits et mes joues humides de larmes.

— Vous avez pleuré!

Je secoue la tête, mais Sam-san me connaît assez maintenant. Je ne peux rien lui cacher.

— Vous n'avez pas encore de nouvelles d'Ohatsu? C'est cela, n'est-ce pas?

Bien qu'il n'en ait rien dit, je devine la pensée de Sam-san. Pour lui, il n'y a pas de doute. Ohatsu a dit un

« adieu définitif » à la vie. On lui a assez parlé de tous ces rescapés d'Hiroshima qui mettent fin à leurs jours, pour prêter un semblable dessein à ma jeune sœur. Et l'Ohatsu de la légende ne s'était-elle pas donné la mort par amour? Malgré tout, je me refuse à croire que Sam-san puisse avoir raison. Et si, parfois, l'image du sinistre rocher d'Osima me traverse l'esprit, je m'efforce de la regarder sans trembler. Je m'accroche à l'espoir de retrouver un jour ma petite sœur et je ne suis pas prête à abandonner cet espoir.

Sam-san, tout à coup, dans un mouvement de colère, frappe du poing dans sa main :

— Bon Dieu, s'écrie-t-il, quand je pense aux ravages qu'a faits cette bombe! Voilà quinze ans qu'elle est tombée et elle continue encore à faire des victimes. Et pendant ce temps-là, nous restons bien tranquilles à attendre que la prochaine nous tombe sur la tête. Je peux vous dire une chose en tout cas, c'est que moi, je ne resterai pas sans rien faire!

D'un geste rageur, Sam-san ébouriffe ses cheveux qui se dressent sur sa tête comme les piquants d'un porc-épic.

— Parfaitement, je veux vivre, je suis jeune et je ne vais pas me laisser nettoyer par un général presse-bouton. Mon père a toujours lutté pour sauver des vies humaines. Pourquoi n'en ferais-je pas autant?

A peine a-t-il fini, que je m'entends appeler du jardin. C'est une voix si rauque, si faible que je reconnais aussitôt celle de Maeda-san. Qu'est-ce qui peut l'amener ici à cette heure?

Je quitte Sam-san et me précipite dans la nuit. Près de la porte de bambou, se tient mon vieil ami, le visage plus pâle encore que d'habitude, sous la lueur blafarde de notre lanterne de pierre.

— Est-ce qu'il y a quelque chose qui ne va pas, Maeda-san? Iisa?

— Yuka, il faut être forte! On vient de me téléphoner

de l'hôpital. Fumio... Fumio vous réclame, dit Maeda-san d'une voix si brisée que je peux à peine l'entendre.

Je m'accroche à sa manche, je veux savoir ce qui est arrivé. Mais je comprends que c'est inutile. Pour qu'on m'ait appelée ainsi, au milieu de la nuit...

Sans perdre un instant, nous nous mettons en route vers l'hôpital et je marche si vite que le pauvre vieil homme a toutes les peines du monde à me suivre... Il perd une sandale, s'arrête pour ramasser.

— Je cours devant, Maeda-san, lui crié-je.

— Vous avez raison. Je vous retrouverai à l'hôpital, Yuka-san. dépêchez-vous.

Oh! il y a des années que je n'ai pas couru ainsi. Je vole littéralement dans notre rue sans lumière et je traverse le terrain vague où chaque matin j'amène mes vieilles amies, Nakano-san et Tamura-san. Le vent a défait mes cheveux qui me balayent le visage et m'aveuglent. Je poursuis ma course, à bout de souffle, trébuchant à chaque pas, courant toujours...

... Et, brusquement, j'ai l'impression de ne plus être seule, que partout autour de moi, il y a des gens qui courent, qui courent... Ah oui, ce sont les fantômes. Il y a quinze ans, je courais ainsi dans les rues au milieu de la foule éperdue, et pendant quinze ans, ils ont continué à courir dans ma tête. Cette nuit, ils me poursuivent avec leurs visages carbonisés, avec les lambeaux de chair arrachés de leurs épaules. Je les reconnais. Ce sont eux que je vois dans mon cauchemar. Cette fille au visage rongé par les flammes, cet homme qui porte sa femme morte sur dos, ils couraient avec moi ce jour-là. Ici, c'est un groupe d'écoliers, écroulés les uns sur les autres, tous morts. Là, c'est un chien, les pattes prises dans l'asphalte fondu. C'est ce qui nous attend tous si nous ne courons pas assez vite. Vite, vite, ou nous serons rôtis vivants. Il faut aussi que je retrouve maman. Loin devant moi, j'aperçois la ligne noire du fleuve et des ombres qui plongent dans ses eaux. Comme des torches vivantes, les cheveux en flammes, les femmes s'élancent du rivage en grappes serrées. Est-ce que maman est parmi elles? Où est maman, où est-elle?

— Hé là, qu'est-ce qui vous arrive?

Je suis rentrée en plein dans un agent de police et le choc me ramène à la réalité. Je m'incline et bafouille : « Excusez-moi, excusez-moi, s'il vous plaît » et je continue ma course vers la masse imposante de l'hôpital qui se dresse devant moi.

En entrant dans le hall, j'aperçois dans une glace mon image échevelée, hagarde. Instinctivement, je rajuste mon kimono et arrange mes cheveux. Je croise le gardien de nuit et je le salue en passant. Puis je grimpe en courant les escaliers sur la pointe des pieds pour ne déranger personne. Sur le palier, l'infirmière de nuit passe en portant un plateau de soucoupes en carton. Dans chaque soucoupe se trouve un comprimé rouge, sans doute un somnifère. Je me hâte jusqu'à la chambre de Fumio et ouvre doucement la porte.

Un paravent. A 6 heures, quand je l'ai quitté, il n'y avait pas ce paravent autour du lit de mon mari et je comprends aussitôt ce que cela signifie. Je me rapproche sans bruit et, derrière le paravent, j'entends Fumio parler. Peut-être y a-t-il quelqu'un avec lui.

— Fumio!

Il n'a pas la force de bouger la tête mais il tourne les yeux vers moi et nos regards se croisent.

— C'est à toi que je parlais, Yuka, murmure-t-il.

Je m'agenouille auprès de son lit, prends sa main difforme dans la mienne et la porte à mes lèvres. Il fixe son regard sur mon visage et ses yeux s'éclairent, ses yeux doux et humbles qui n'ont jamais exprimé l'amertume.

— Oui, c'est à toi que je parlais, Yuka. Je te disais tout

ce que je n'ai jamais osé te dire. J'étais trop timide. Je n'osais pas.

Il s'arrête, mais je sais qu'il n'a pas tout dit et j'attends qu'il continue.

— Tu as été tout pour moi, reprend-il faiblement. Tu le sais, Yuka. Je sais aussi que j'ai été beaucoup pour toi et cela m'ennuie de te laisser avec tout cet amour inemployé.

Je secoue la tête, mais il poursuit obstinément :

— Si,si, j'ai accaparé tout ton amour et je ne serai plus là... Ce que je voulais te dire... D'autres ont besoin de toi, et de ton amour, comme moi j'ai eu besoin de toi.

Il essaye de sourire mais une vague de douleur tord brusquement son visage. Tout son corps se contracte. Il lutte avec la douleur comme on lutte avec un lion. Je me relève déjà pour aller chercher l'infirmière mais, d'un faible geste du bras, Fumio me retient près de lui. Il mord ses lèvres boursouflées pour ne pas crier et pour ne pas troubler le sommeil de ses compagnons de chambre. Fumio et le lion continuent à lutter et je peux les entendre haleter dans ce terrible combat à la vie, à la mort.

C'est Fumio qui l'emporte! Je le comprends à son sourire et, d'instinct, je m'incline devant le vainqueur, devant la victime aussi, devant l'homme qui souffre, devant le grand homme qu'est mon mari.

Et devant cet hommage rendu à sa souffrance et à son triomphe, voilà que les larmes lui montent aux yeux. Elles brillent un instant sur ses longs cils puis, comme de minuscules rivières, elles cheminent à travers ce paysage d'agonie qui fut le visage d'un homme. Elles longent les bords de ses pustules desséchées, coulent au creux de ses plaies vives et se perdent dans sa bouche entrouverte.

— Fumio! dis-je seulement dans un souffle.

Je voudrais lui dire tant de choses, et je ne sais que répéter « Fumio! Fumio! » Je ne puis que m'agenouiller près de lui, sachant déjà qu'il ne m'entend plus.

Il tourne sa tête sur l'oreiller, ferme les yeux. Il est là maintenant, immobile, si pâle et si frêle. Il ne reste vraiment rien de lui. A quoi donc ressemble-t-il ce soir, mon Fumio? Ah! oui, à ma poupée de chiffon. Ma chère poupée, mon cher petit bonhomme. Comme je l'ai aimé!

Achevé d'imprimer sur les presses de l'imprimerie Brodard et Taupin
7, Bd Romain-Rolland, Montrouge. Usine de La Flèche,
le 20 janvier 1984
1909-5 Dépôt Légal juin 1982. ISBN : 2 - 277 - 11141 - 4
Imprimé en France

141
★

Editions J'ai Lu
27, rue Cassette, 75006 Paris
diffusion France et étranger : Flammarion